A SHORT HISTORY OF THE
诺曼征服英格兰

[英]爱德华·奥古斯都·弗里曼————著　　唐月花————译

NORMAN CONQUEST OF ENGLAND

中国出版集团公司
华文出版社

图书在版编目（CIP）数据

诺曼征服英格兰/(英)爱德华·奥古斯都·弗里曼著；唐月花译. -- 北京：华文出版社，2020.9
（华文全球史）
ISBN 978-7-5075-5337-6

Ⅰ.①诺… Ⅱ.①爱…②唐… Ⅲ.①英国—中世纪史 Ⅳ.①K561.3

中国版本图书馆CIP数据核字(2020)第137994号

诺曼征服英格兰

作　　者：[英]爱德华·奥古斯都·弗里曼
译　　者：唐月花
选题策划：华盛世章
插图供应：18629596618
责任编辑：景洋子　楼淑敏
出版发行：华文出版社
社　　址：北京市西城区广外大街305号8区2号楼
邮政编码：100055
网　　址：http://www.hwcbs.com.cn
电　　话：总编室010—58336239
　　　　　发行部010—58336212
经　　销：新华书店
印　　刷：三河市国英印务有限公司
开　　本：710×1000　1/16
印　　张：18.75
字　　数：235千字
版　　次：2020年9月第1版
印　　次：2020年9月第1次印刷
标准书号：ISBN 978-7-5075-5337-6
定　　价：75.00元

版权所有　侵权必究

出版前言

随着中国开放的大门越开越大,关注世界各国尤其是西方国家文明的源流、发展和未来已经成为当下世界史研究的一个热点,为了成系统地推出一套强调"史源性"且在现有世界史出版物中具有拾遗补阙价值的作品,我们经过认真论证,推出了"华文全球史"系列,首次出版约为一百个品种。

"华文全球史"系列从书目选择到人名地名的规范,从书稿中图片的采用到译者的确定,都有比较严格的遴选规定、编审要求和成稿检查,目的就是要奉献给读者一套具有学术性、权威性的高质量的世界史系列图书。

书目的选择。本系列图书重视世界史学科建设,视角宽阔,层级明晰,数量均衡,有所突出。计划出版的华文全球史中,既有通史,也有专题史,还有回忆录,基本上是世界历史著作中的上乘之作,同时填补了国内同类作品出版的空白。

人名地名规范。本系列图书中人名地名,译名规范,重视专业性。在人名翻译方面,我们坚持"姓名皆全"的原则,加大考据力度,从而实现了有姓必有名,有名必有姓,方便了读者的使用。在注释方面,书中既有原书注,完整地保留了原著中的注释;也有译者注,体现了译者的研究性成果。

书中的插图。本系列图书的一个重要特征是书中都有功能性插图,这些插图全方位、多层次、宽视角反映当时重大历史事件,或与事件的场景密切相关，涉及政治、军事、经济、社会、外交、人物、地理、民俗、生活等方面的绘画作品与摄影作品。功能性插图与文字结合，赋予文字视觉的艺术，丰富了文字的内涵。

译者的确定。本系列图书的翻译主要凭借的是一个以大学教师为主的翻译团队，团队中不乏知名教授和相关领域的资深人士。他们治学严谨，译笔优美，为确保质量奉献良多。

"华文全球史"系列作为一套具有较高学术价值的优秀的世界历史丛书，对增加读者的知识，开阔读者的视野，具有积极的意义。同时要看到，一方面很多西方历史学家的观点符合事实，另一方面不少西方历史学家的观点是错误的，对于这些，我们希望读者不要不加分析地全盘接受或全盘否定，而是要批判地吸收外国文化中有益的东西。

华文出版社

2019年8月

引 言

本书是一本初级读物,并且与我在《诺曼征服英格兰史》中讲的故事是同一个故事。本书虽然与《诺曼征服英格兰史》讲的故事相同,但绝不是《诺曼

本书作者爱德华·奥古斯都·弗里曼

征服英格兰史》的删节本。严格来讲，本书是老故事新讲。有朝一日，我如果可以写第三版或中等篇幅的书，那么将乐而为之。

爱德华·奥古斯都·弗里曼
写于英国萨默塞特郡韦尔斯的萨默雷兹

目 录

001 第 1 章
简 介

009 第 2 章
英格兰人和诺曼人

033 第 3 章
英格兰人和诺曼人的早期交往

065 第 4 章
诺曼底公爵威廉的青年时期

083 第 5 章
威塞克斯伯爵哈罗德·戈德温森和英格兰国王哈罗德·戈德温森

109 第 6 章
哈罗德·戈德温森与"无情者"哈拉尔

125 第 7 章
诺曼底公爵威廉入侵英格兰

141	第 8 章
	伟大的决战

159	第 9 章
	诺曼底公爵威廉如何成为英格兰国王

171	第 10 章
	"征服者"威廉如何赢得整个英格兰

191	第 11 章
	"征服者"威廉的后期战争

209	第 12 章
	"征服者"威廉如何统治英格兰

219	第 13 章
	两位威廉

233	第 14 章
	诺曼征服英格兰的结果

247	第 15 章
	英格兰后来的历史

277	译名对照表

第1章
简 介

精彩看点

诺曼征服英格兰的意义——征服的字面含义——征服的不同含义——诺曼征服的本质——诺曼征服英格兰的原因

诺曼征服英格兰指11世纪后期，诺曼底公爵威廉登上英格兰王位，并且后来将英格兰王位传给其子孙的故事。无论英格兰王位是在英格兰国内外的君主之间或家族之间传递，诺曼征服英格兰的真正意义不仅体现在英格兰王位的更迭，还在于推动英格兰历史的形成和对英格兰各方面的影响。如果没有诺曼征服英格兰，那么英格兰的历史或者会呈现出另一番景象。事实上，诺曼底公爵威廉登上英格兰王位是诺曼征服英格兰的核心事件。如果诺曼底公爵威廉没有登上英格兰王位，那么英格兰史的各个方面不会发生变化。因此，讲述诺曼征服英格兰必须讲述诺曼底公爵威廉如何成为英格兰国王"征服者"威廉，进而成为英格兰名副其实的君主；诺曼征服英格兰的原因；诺曼底公爵威廉成为英格兰国王过程中英格兰的变化，以及诺曼征服英格兰产生的影响。为讲清诺曼征服英格兰的原因，我们必须讲清诺曼征服英格兰前诺曼人和英格兰人的状况。为讲清诺曼征服英格兰的影响，我们必须继续讲述诺曼征服英格兰后英格兰各时代的状况，并且帮助读者清晰呈现诺曼征服英格兰如何引发上述变化及诺曼征服英格兰如何影响英格兰以后的历史。

我们可能会进一步问什么是征服，征服的含义是否不止一种，诺曼征服英格兰是否与某次征服相似或者与某次征服不同。严格地说，征服是无论采用正当方式，还是强权方式，赢得或获得某物。譬如，征服可以指获得土地——

无论通过战争还是通过法律判决，获得一个王国或者获得一块比王国面积更小的土地。征服的第一种含义与诺曼征服英格兰有关。诺曼底公爵威廉被称为"征服者"。但起初，他不是通过武力获得英格兰王位，而是通过法律宣称自己有权获得英格兰王位。尽管如此，但实际上，他还是得通过武力征服获得英格兰。公平地说，此处，征服和征服者的含义是我们现在普遍认为的征服的含义，即通过战争获得土地并统治一个国家。诺曼底公爵威廉虽然通过法律宣布获得英格兰王位，但只能通过发动战争，推翻英格兰国王哈罗德·戈德温森

英格兰国王哈罗德·戈德温森

诺曼底公爵威廉

的统治,将哈罗德·戈德温森杀死在战场上,赢得英格兰的土地,获得英格兰王位。然后,诺曼底公爵威廉继续战斗,不断吞并领土,直到将整个英格兰王国全部掌握在自己手中。诺曼征服英格兰是通过战争获得土地的一场名副其实的征服。

诺曼底公爵威廉虽然通过法律手段宣布成为英格兰国王,但仍然以异国军队首领的身份赢得战争并占领土地。实际上,这与诺曼征服英格兰的特殊性密不可分,也与诺曼征服英格兰对英格兰后世的影响息息相关。不同时期的征服性质大不相同。有时,征服是一个民族集体迁移到另一个地方。通过武力,这一民族征服并定居在另一个民族居住的地方。然后,这一民族的成员杀戮或驱赶当地人,或者让被征服者成为自己国土上的奴隶。这种征服只有武力强占,不以任何理由为借口。然而,这种征服只发生在未开化的民族中,如首次踏上不列颠岛的英格兰人。诺曼征服英格兰完全不是这种情况。在诺曼征服英格兰的过程中,英格兰人既没有遭到杀戮或驱赶,也没有被当作奴隶,而是像以前一样,生活在自己的土地上。可以说,诺曼征服比某种征服柔和,但比另外一种征服更残暴。后来,一些征服与诺曼征服英格兰属于同类。通过武力,国王赢得一个国家,或者为自己已经拥有的王国增加领土。随着此类征服而来的是被征服国家政治和政府的改变,以及法律方面的改变,但这类征服很少直接触及个人生活的改变。实际上,被征服地区的居民没有被赶出家门或家园,甚至有人可以继续保留原来的公职。诺曼征服英格兰虽然不像其他征服,但带来的改变远不止如此。英格兰人没有遭到杀戮、驱赶,但很多英格兰人的土地、房屋、担任的公职都被夺走交给陌生的诺曼人。特别是财产最多、职位最高的英格兰人,他们的一切几乎完全被陌生的诺曼人夺走。诺曼征服英格兰不但是异国君主夺取英格兰王位,而且是异国君主的追随者几乎获得英格兰王国内所有高级官职。

  诺曼征服的特殊性使其征服方式既柔和又血腥。一位君主声称通过法律获得英格兰王位。事实上,这位君主通过其手中的军事力量登上王位。由于英格兰人不支持这位异国君主,所以他只能以异国军队首领的力量赢得英格兰王位。既然已经赢得英格兰王位,他就必须在陌生的英格兰保证自己的安全并嘉奖扶助他的人。他大肆掠夺反抗他的英格兰人,并且将英格兰的土地和官职分封给为他战斗的诺曼人和其他人。因为诺曼底公爵威廉通过法律称王并后来统治英格兰,所以他根据英格兰法律分封英格兰土地及官职。出于诸多原因,在英格兰定居的诺曼人的子孙逐渐同化为英格兰人,而不是通过通婚成为英格兰人。诺曼征服英格兰后的几个时代内,在英格兰,诺曼人或外国人拥有重要地位,掌握英格兰的庞大财富,获得英格兰的主要官职。不过,在几

诺曼人

代人的时间内,居住在英格兰的诺曼人或外国人学会说英语,渐渐拥有英格兰人的情怀。诺曼征服的目的既不是使英格兰人臣服于诺曼人,也不是使英格兰成为诺曼人的领土,而是使英格兰享有前所未有的、更高的世界地位。在英格兰,英格兰人没有被逐出家园,也没有转变成诺曼人。相反,在英格兰的诺曼人成为英格兰人。但在身份转换过程中,诺曼人逐渐改变了英格兰的法律、语言、礼仪和英格兰人的思想。

通过英格兰和别国的其他征服,我们已经看到诺曼征服英格兰是哪种征服。长篇描述诺曼征服英格兰前,我们必须完全明白诺曼征服英格兰的概况,并且清晰了解诺曼人跨过英吉利海峡登陆英格兰时英格兰人和诺曼人的状况。我们必须理解诺曼征服英格兰的真正原因,诺曼征服英格兰的时机和导致诺曼底公爵威廉宣布自己有权继承英格兰王位的各种原因。然而,实际上,通过战争手段,诺曼底公爵威廉赢得英格兰王位。为回答上述问题,我们需要提到英格兰人和诺曼人开始交往的历史。

第2章

英格兰人和诺曼人

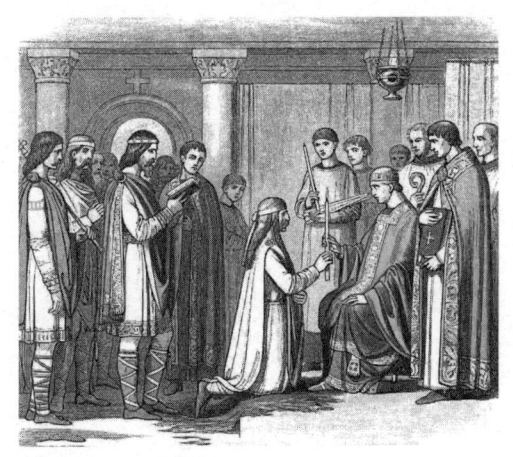

精彩看点

英格兰人和诺曼人的定居点——不列颠的英格兰人——英格兰的丹麦人——高卢的北欧人——罗洛的殖民活动——早期的诺曼底公爵——诺曼人的礼仪——意大利和西西里岛的诺曼人——丹麦人征服英格兰

当诺曼人跨过英吉利海峡登陆英格兰海岸时,英格兰人在英格兰居住的时间要比诺曼人在诺曼底居住的时间长很多。5世纪,在不列颠岛部分地区,英格兰人开始定居,并且将他们居住的地方称为英格兰。直到10世纪初,在高卢地区,诺曼人才开始定居,并且称自己生活的地方为诺曼底。诺曼征服英格兰时,英格兰人在英格兰生活了六百年,但诺曼人才在诺曼底生活了一百五十多年。11世纪时,英格兰人在英格兰的生活比诺曼人在诺曼底的生活更安适。英格兰人的冒险精神表现在与威尔士的长期战争中。于是,在不列颠,英格兰人获得统治地位。此时,诺曼人的冒险精神刚刚萌发。征服英格兰虽然是诺曼人的一次征服其他国家的行动,却是最伟大的一次行动。英格兰人和诺曼人都是勇敢的,但英格兰人是被动保护自己的家园,诺曼人是主动地、雄心勃勃地为自己寻找新的家园。

诺曼征服英格兰前约八十年,诺曼人和英格兰人发生第一次事务方面的往来。此时,英格兰处在威塞克斯王朝的统治下。登陆不列颠后的一百年内,除了几个小国,英格兰人建立了七八个主要王国,占领了不列颠东部和中部的所有地方,并且以牺牲威尔士为代价。其中,四个王国,即肯特、威塞克斯、麦西亚和诺森伯兰,具有特别重要的意义。与其他邻国相比,在不同时期,这四个王国似乎获得权力并成为英格兰的主导力量。很快,肯特王国的统治走到了尽头，但在很长一段时间内，我们似乎很难确定其他三个王国中哪一个王国可能成为英格兰主导力量。有时，一个王国占上风，但有时，另一个王国占上风。最终，9世纪早期，威塞克斯国王埃格伯特获得整个英格兰王国和南部威尔士的统治权。不过，不列颠岛北部仍然比较独立。当地居住着皮克特人、苏格兰人和北威尔士人。英格兰和南威尔士的国王们虽然仍然统治着各个王国，但威塞克斯国王是英格兰和南威尔士国王们的领主，英格兰和南威尔士国王是威塞克斯国王的臣民。威塞克斯国王不干涉这些王国的内政，但无论在和平时期还是战争时期，这些国家的君主都要追随威塞克斯国王，并且在任何情况下，都

威塞克斯国王埃格伯特

皮克特人

不得与威塞克斯国王作对。威塞克斯国王统治前很长一段时间，英格兰所有王国都已经信奉基督教。6世纪末，即597年，肯特人首先开始信奉基督教。7世纪末，所有英格兰人都信奉基督教。

威塞克斯国王开始统治其他王国后不久，英格兰发生了一系列引发巨变的事件。实际上，这些事件使英格兰人真正成为一个民族。这个时期的斯堪的纳维亚人，即丹麦人和挪威人开始掠夺英格兰和高卢，并且如同英格兰人第一次登上不列颠时一样，斯堪的纳维亚人在一些地方定居。但此时，斯堪的纳维亚人是异教徒，并且入侵的势头更凶猛，甚至以破坏教堂和修道院为乐。整个9世纪后半叶，英格兰充斥着斯堪的纳维亚人的掠夺和殖民活动。斯堪的纳维亚人定居在英格兰东部和北部，其势力甚至一度超过威塞克斯王国，但最终，斯堪的纳维亚人被著名的阿尔弗雷德大帝打败并被驱逐。由于斯堪的纳维亚人推翻了英格兰其他王国的统治，所以威塞克斯成为唯一一个独立且信奉基督教的王国，阿尔弗雷德大帝成为英格兰唯一的国王。丹麦国王格斯茹姆曾经

阿尔弗雷德大帝

格斯茹姆接受洗礼

受洗,并且格斯茹姆的领地和阿尔弗雷德大帝的领地有明显分界线。阿尔弗雷德大帝拥有整个威塞克斯,泰晤士河以南的土地,以及麦西亚西南部的土地。阿尔弗雷德大帝虽然不再是整个英格兰的君主,但他扩大了自己的王国。丹麦人的到来彻底打败了英格兰的其他王国,并且为威塞克斯王国赢得整个英格兰开辟了道路。直到10世纪上半叶,包括"长者"爱德华、埃塞尔斯坦、埃德蒙一世、埃尔德雷德等阿尔弗雷德大帝的继承者们才完成英格兰的统一。长期鏖战后,英格兰地区的所有王国合力打败丹麦人并统一在威塞克斯国王之下。于是,英格兰的君主们统治了包括苏格兰和威尔士的不列颠其他王国。

这一切在不列颠发生时,高卢亦遭到斯堪的纳维亚人的劫掠。整个9世

"长者"爱德华

埃塞尔斯坦

埃德蒙一世

埃尔德雷德

纪，在高卢，斯堪的纳维亚人大肆掠夺。他们乘船而上，沿途烧毁村镇和修道院，到处建立殖民地。10世纪初，斯堪的纳维亚人开始更大规模、更长久的殖民活动。他们将高卢的一个地方起名为诺曼底，并且建立了一个新的欧洲国家。912年，查理大帝统治的法兰克王国分裂成四个小国。西法兰克被称为加洛林，并且占据高卢地区大片土地。西法兰克历代国王以查理命名。查理大帝的家族与法兰克公爵不断争夺王位。查理大帝的家族统治着拉昂，法兰克公爵以巴黎为首都占据卢瓦尔河以北最大的领地。法兰克公爵拥有法兰克公国的

查理大帝

罗洛

爵位，其权势有时比在拉昂的国王的还大。无论国王在巴黎还是在拉昂统治，卢瓦尔河以北的君主们表面以臣相称，但内心从不在乎国王。国王既然在拉昂统治，就无法注意到海上到来的入侵者。实际上，高卢地区只有法兰克公爵的领地最容易遭到入侵。英吉利海峡绵长的海岸线和塞纳河河口使斯堪的纳维亚人可以长驱直入来到鲁昂和巴黎。9世纪时，巴黎遭到多次围困。10世纪初，高卢的海岸，特别是其北海岸，被著名的海盗首领罗洛劫掠。最终，罗洛占领了鲁昂并打算在那里长期殖民。

此时，在拉昂，"昏庸者"查理统治西法兰克。法兰克公爵罗贝尔一世是"昏庸者"查理的臣民，但实力比其领主"昏庸者"查理强大许多。高卢没有受到罗洛太多掠夺。因此，"昏庸者"查理和法兰克公爵罗贝尔一世一致认为与格斯茹姆受封阿尔弗雷德大帝一样，他们最应该做的事是为罗洛分封土地，让罗洛受洗成为基督教教徒并成为"昏庸者"查理的臣民。因此，法兰克公爵罗贝尔一世与罗洛一起前往罗贝尔一世的教父处受洗，并且为罗洛起了洗礼名。不过，人们通常还是以罗洛称呼他。"昏庸者"查理为罗洛封地。罗洛成

"昏庸者"查理

罗洛受洗

为"昏庸者"查理的臣民,并且接受鲁昂和从厄普特到蒂乌的封地。在这片土地,罗洛及其追随者定居下来并将这里称作北欧人的土地。后来,这片土地又叫诺曼底公国。罗洛扩大了自己的领地,并且将巴约纳入自己的领地。在罗洛的儿子威廉·朗索德统治时期,威廉·朗索德又将诺曼底公国的势力扩展到库唐斯半岛,即科唐坦半岛,以及科唐坦半岛以南的阿夫朗什。诺曼底公爵们声称占有布列塔尼和曼恩,但在布列塔尼和曼恩,他们从来没切实行使过任何权力。后来,整个法兰克公国北海岸成为诺曼底公国的领地。诺曼底公爵们在鲁昂的领地横亘在巴黎和法兰克公爵的领地与大海之间。有时,这些君主是国王,但有时,他们只是公爵。

罗洛的殖民活动成为诺曼底公国和法兰克王国冲突的根源。当英格兰王国和诺曼底公国由同一位君主统治时，以前诺曼底公国和法兰克王国的冲突变成长期的斗争。法兰克的君主和民众从来没有忘记自己失去鲁昂和诺曼底的诸多领土。"昏庸者"查理的王国被削弱并一分为二，但事实上，"昏庸者"查理从中受益，因为罗洛宣誓成为"昏庸者"查理的臣民并忠实于他。罗洛实现了自己的誓言。一个原因是，法兰克公爵罗贝尔一世于922年和勃艮第公爵鲁道夫于923年先后奋起反抗"昏庸者"查理，勃艮第公爵鲁道夫希望取代"昏庸者"查理成为法兰克国王时，罗洛及其儿子威廉·朗索德一直支持"昏庸者"查理。罗洛很好地治理了自己的领地，镇压了盗贼和杀人犯。据说，他将一

威廉·朗索德

串宝石挂在树上,但没人敢拿。在罗洛及其子威廉·朗索德的统治下,大部分诺曼人渐渐信奉基督教,不再使用斯堪的纳维亚语并开始学习法语。威廉·朗索德统治末期,鲁昂人只说法语。但在占领诺曼底北部以后占领的诺曼底以西的领地上,当地人还说丹麦语,很多人还信北方诸神。异教徒与丹麦人不止一次起义。诺曼底公爵威廉去世后,他们甚至一度控制了年轻的诺曼底的理查一世,迫使他改信北方诸神。大概此时,在科唐坦,斯堪的纳维亚人建立了一些新殖民地。不久,诺曼底的理查一世投奔法兰克王国的贵族"伟大"于格,即他臣服于法兰克贵族而不是法兰克国王。在诺曼底的理查一世以后,法兰克公爵和诺曼底公爵结成亲密的联盟。在"伟大"于格的儿子于格·卡佩继承法兰克王国的过程中,诺曼底的理查一世起到了重要推动作用。

于格·卡佩

诺曼底的理查一世统治时期，无论在语言方面还是在礼仪方面，诺曼人越来越接近日耳曼人。在诺曼人的帮助下，加洛林王朝在鲁昂的王位从神圣罗马帝国皇帝手中传给巴黎的法兰西国王。在下一任诺曼底公爵理查二世统治时期，诺曼底公国爆发大规模农民起义。这些农民很可能大部分是凯尔特人的后裔。当时，大地主都是诺曼人。值得注意的是，诺曼底公爵理查二世开始重新划分自己的臣民。诺曼底公爵理查二世身边都是绅士。这是我们第一次听到"绅士"一词。农民起义被镇压后，绅士在诺曼底公国占了上风。此时，在很多

诺曼底公爵理查二世

撒拉森人

方面，诺曼人与他们的祖先都不相同。诺曼人从水手变成世界上最强悍的骑士。诺曼绅士手持盾牌和长矛，有时持剑和狼牙棒，骑上自己的马驰骋，成为能征善战的民族。此时，诺曼人定居在自己的土地诺曼底。诺曼人的穿着打扮虽然已经与他们的祖先不同，但继承了祖先的精神，即前往世界上一切可能战斗的地方征战。这种精神既掺杂宗教热情又掺杂好战精神。有些诺曼人前去帮助西班牙的基督教徒战胜撒拉森人。10世纪后期，有些诺曼人帮助拜占庭帝国皇帝战胜奥斯曼土耳其人。不过，诺曼人最伟大的两项功绩都发生在欧洲土地上。他们的一项功绩在地中海地区取得，另一项功绩在西西里岛和不列颠岛取得。

现在，我们要叙述诺曼人在英格兰的所作所为。值得注意的是，诺曼征服英格兰无疑受到诺曼人征服南意大利和西西里岛的启发。诺曼人征服南意大利和西西里岛始于理查二世统治时期，并且一直持续到整个11世纪。但征服南意大利和西西里岛绝不是诺曼底公爵的事业，也不是诺曼王国的事业，只是诺曼绅士在海外寻求财富的行为。在南意大利，诺曼人建立多个公国，其中最著名的是奥特维尔家族的一位普通成员奥特维尔的坦克雷德的儿子们建立的公国。奥特维尔的坦克雷德的儿子们征服了整个南意大利，结束了拜占庭帝国在当地的统治。对征服的土地，奥特维尔的坦克雷德的儿子们要求教皇授权承认。随后，奥特维尔的坦克雷德的儿子罗贝尔·吉斯卡尔成为意大利普利亚公

奥特维尔家族纹章

奥特维尔的坦克雷德

爵。接着，罗贝尔·吉斯卡尔下令渡过亚得里亚海，进攻拜占庭帝国皇帝阿莱克修斯一世·科穆宁，并且在一段时期内占领了都拉斯和其他地方。然后，罗贝尔·吉斯卡尔回来帮助教皇格里高利七世对抗神圣罗马帝国皇帝亨利四世，即一年内，罗贝尔·吉斯卡尔打败了两位皇帝。在一定程度上，罗贝尔·吉斯卡尔

罗贝尔·吉斯卡尔

拜占庭帝国皇帝阿莱克修斯一世·科穆宁

教皇格里高利七世

神圣罗马帝国皇帝亨利四世

的弟弟西西里的罗杰一世，是在罗贝尔·吉斯卡尔的帮助下从穆斯林手中征服整座西西里岛。但西西里的罗杰一世只被称为西西里伯爵，其子西西里的罗杰二世后成为西西里第一位国王。这一切发生在诺曼征服英格兰前，并且延续到诺曼征服英格兰时期。提到这一点是为了让读者明白11世纪时诺曼人的情况。在一个个人可以建立领地和王国，并且赶走皇帝的时期，我们可以期待，领导着自己民众的诺曼底公爵使出全身力气能做出什么业绩。

与此同时，阿尔弗雷德大帝的子孙们曾成功抵御丹麦人入侵英格兰，但10世纪最后二十年，丹麦人重新入侵英格兰，并且从980年到1016年，丹麦人持续入侵了三十六年，直到英格兰被完全征服。不过，丹麦人此次入侵不同于他们以前的入侵。9世纪时，英格兰和丹麦都由不同的定居点组成。各定居点之

西西里的罗杰一世

西西里的罗杰二世

间或多或少存在区别,一批批丹麦探险者来到英格兰各处定居。但在10世纪,与英格兰一样,丹麦被一个王国统一。此时,丹麦人入侵英格兰的形式变成丹麦国王想统治英格兰。虽然英格兰统一在一位国王的领导下,但英格兰各部分还没有完全融合。此时,英格兰王国需要一位伟大的国王联合全部力量。10世纪上半叶,英格兰拥有一些这样伟大的国王。当丹麦人再次入侵英格兰时,英格兰有了一位完全不同的国王"决策无方者"埃塞雷德。他的名字意思是高贵的言谈或忠告,但他被人们称为没有准备好的人或没有忠告的人。他虽然有时精力充沛,但总将精力用错地方。在漫长的统治期内,仅仅在临近统治结束时,作为英格兰领导者,他才对抗丹麦人的入侵。丹麦人一般都会在不同的地点登陆英格兰。事实上,如果丹麦人登陆的地方有一位勇敢的领袖领导当地居民与丹麦人展开一场恶战,那么英格兰不会总受到丹麦人的侵袭。但英格兰人没有普遍开展抵抗，"决策无方者"埃塞雷德只想贿赂丹麦人并让他们离开，而不是与丹麦人作战。这只会让丹麦人再来要更多的贿赂。就这样，英格兰一个郡接一个郡遭到丹麦人侵扰，英格兰的国力被逐渐削弱。直到丹麦人可以为所欲为地进军到英格兰的任何地方，甚至是内陆地区。最终，1013年，丹麦国王"八字胡"斯文征服整个英格兰，并且要求英格兰人承认自己为英格兰国王。"决策无方者"埃塞雷德国王不得不带着妻子和儿女离开英格兰并前往海外避难。此时，英格兰和诺曼底的故事才刚刚开始发生联系，因为"决策无方者"埃塞雷德的妻子是诺曼人，"决策无方者"埃塞雷德国王和他妻子寻求庇护的地方正是她的祖国诺曼底。现在，我们必须往前追溯我们的故事，考察战争时期和和平时期英格兰人和诺曼人如何往来。

第3章
英格兰人和诺曼人的早期交往

精彩看点

英格兰和高卢的早期交往——英格兰和诺曼底的第一次争执——"决策无方者"埃塞雷德和诺曼底的埃玛的婚姻——克努特大帝和诺曼底的埃玛的婚姻——克努特大帝的统治——诺曼底公爵罗贝尔一世和英格兰贵族——王子们的第二次尝试——诺曼底的埃玛和"忏悔者"爱德华——"忏悔者"爱德华——"忏悔者"爱德华和威塞克斯伯爵戈德温——伯爵爵位——诺曼人对英格兰的影响——威塞克斯伯爵戈德温的放逐

10世纪前,英格兰和高卢没什么交往。英格兰境内各国国王通常会娶其他英格兰国王的女儿。当英格兰由一位国王统治时,他会娶自己重臣的女儿。相比之下,英格兰国王愿意将自己的女儿嫁给外国国王,但这种情况不经常发生。在"长者"爱德华及其儿子埃塞尔斯坦统治时期,"长者"爱德华的几位女儿嫁给西欧的几位君主。其中,一位公主威塞克斯的艾德吉夫嫁给"昏庸者"查理,另一位公主艾德希尔德嫁给"伟大"于格。此时,"昏庸者"查理的儿子路易四世是英格兰国王埃塞尔斯坦的妹妹、埃德蒙一世的姐姐威塞克斯的艾德吉夫的儿子。在高卢事务中,埃塞尔斯坦和埃德蒙一世代表他们的外甥路易四世发挥了一定作用。由于路易四世是诺曼人的对手,所以早在此时,英格兰人和诺曼人可能开始互生敌意。但直到10世纪最后几年,英格兰与诺曼底的公开争执才开始。当时,"决策无方者"埃塞雷德是英格兰国王,但在诺曼底,诺曼底的理查一世漫长的统治即将结束。

根据记载,英格兰人和诺曼人第一次以对手身份发生争执是在丹麦人入侵英格兰时。991年,"决策无方者"埃塞雷德国王与诺曼底的理查一世发生分歧,教皇约翰十五世让他们重归于好。分歧的起因似乎是诺曼人允许丹麦人在诺曼底的海港出售从英格兰掠夺的物品。1000年,"决策无方者"埃塞雷德国

威塞克斯的艾德吉夫

路易四世

诺曼底的理查一世

王与诺曼底公爵理查二世再次发生争执。诺曼作家写道："决策无方者"埃塞雷德派出一支舰队，这支舰队奉命将诺曼底公爵理查二世双手绑在身后带到"决策无方者"埃塞雷德面前。这支舰队的确在科唐坦登陆，但诺曼底公爵理查二世还没出手，"决策无方者"埃塞雷德派出的舰队就被科唐坦当地人赶走了。我们不需要关心这些细节，正如我们不需要关心当时许多其他故事的细节

"决策无方者"埃塞雷德

一样，但这则故事不是空穴来风。可以肯定的是，1002年，"决策无方者"埃塞雷德娶了诺曼底公爵理查二世的女儿诺曼底的埃玛。这件事很有可能是英格兰与诺曼底和平时期发生的。有人说"决策无方者"埃塞雷德前往诺曼底迎娶新娘诺曼底的埃玛。

"决策无方者"埃塞雷德与诺曼底的埃玛的婚姻是导致诺曼征服英格兰的重要事件。首先，正如我们看到的，英格兰国王娶一位外邦妻子是件非同寻常的事。在不列颠长期生活中，英格兰国王只迎娶过两次外邦妻子。因此，"决策无方者"埃塞雷德与诺曼底的埃玛的婚姻表明英格兰越来越多地与他国建立联系。其次，由于这桩婚姻，诺曼人与其他说法语的人开始在英格兰定居并担任英格兰公职。此时，诺曼底的埃玛是英格兰夫人，因为根据威塞克斯的习俗，国王的妻子不被称为王后而是夫人。诺曼底的埃玛甚至将自己的外国名字埃玛改成英格兰名字艾尔夫吉夫。作为国王"决策无方者"埃塞雷德的妻子，诺曼底的埃玛收到丈夫的礼物。这份礼物包括一些土地、村庄及埃克塞特。在埃克塞特，诺曼底的埃玛委派哈格做长官。哈格被英格兰人叫作法国佬。1003年，丹麦人攻打埃克塞特时，哈格即使是没有背叛埃克塞特，至少也没有努力防御丹麦人的进攻。因此，埃克塞特被丹麦人占领。这是诺曼人在英格兰统治的开端。再次，威塞克斯王室首次出现混有外族血统的成员。以后发生的事使威塞克斯王室更彻底成为外族人。此时，英格兰和诺曼底两国的统治者结成姻亲，使诺曼底公爵威廉有了继承英格兰王位的想法。

此时，诺曼底的埃玛成为英格兰历史上十分重要的人物。她是两位国王的妻子，也是两位国王的母亲。诺曼底的埃玛的首任丈夫"决策无方者"埃塞雷德流放到诺曼底的时间不长。1014年，丹麦国王"八字胡"斯文驾崩，丹麦人推举"八字胡"斯文的次子克努特大帝为英格兰国王，"八字胡"斯文的长子哈拉尔二世统治丹麦。后来，克努特大帝和"决策无方者"埃塞雷德发生战争。战争中，"决策无方者"埃塞雷德毫无士气，但在英格兰，"决策无方者"埃塞雷德的儿子埃德蒙·艾恩赛德表现出伟大的领袖气质。埃德蒙·艾恩赛德并不是

丹麦国王"八字胡"斯文

克努特大帝

哈拉尔二世

埃德蒙·艾恩赛德

诺曼底的埃玛的孩子，而是"决策无方者"埃塞雷德和妻子约克的艾尔弗吉夫的孩子。当时，诺曼底的埃玛的孩子"显贵者"阿尔弗雷德、"忏悔者"爱德华和戈德格夫都很小。1016年年初，"决策无方者"埃塞雷德驾崩。许多英格兰人认为克努特大帝做英格兰国王是最好的选择。因此，在南安普顿的一次会议中，克努特大帝被选为英格兰国王。但在伦敦的另一次会议中，埃德蒙·艾恩赛德被选为英格兰国王。于是，英格兰人开始逐渐转而支持埃德蒙·艾恩赛德，因为与父亲"决策无方者"埃塞雷德相比，埃德蒙·艾恩赛德是一位强大勇敢的首领。1016年，六次战役相继爆发，伦敦三次被克努特大帝包围，但在最后一次战役中，由于妹夫埃德里克·斯特雷奥纳的背叛，在埃塞克斯的阿珊顿，埃德蒙·艾恩赛德战败，但埃德蒙·艾恩赛德仍然势力强大。最后，英格兰人同意将英格兰王国一分为二。英格兰北方由克努特大帝统治，南方由埃德蒙·艾恩赛德统治。但1016年年底，埃德蒙·艾恩赛德去世。有人认为埃德蒙·艾恩赛德的去世是克努特大帝造成的，有些人认为是"野人"埃德里克造成的。1016年到1017年的圣诞节，克努特大帝被第三次推选为英格兰国王。克努特大帝做的第一件事是将在诺曼底的"决策无方者"埃塞雷德国王的遗孀诺曼底的埃玛娶来，虽然诺曼底的埃玛比克努特大帝大几岁。诺曼底的埃玛来到英格兰并嫁给克努特大帝，再次成为英格兰夫人。后来，诺曼底的埃玛为克努特大帝生下两个儿子哈德克努特和贡希尔达。诺曼底的埃玛和"决策无方者"埃塞雷德的三个孩子还留在诺曼底。看起来，诺曼底的埃玛并不关心这几个孩子，也不留恋与"决策无方者"埃塞雷德的感情。诺曼底的埃玛所有的爱都转到新任丈夫克努特大帝和与克努特大帝生的孩子身上。因此，"决策无方者"埃塞雷德的孩子们在诺曼底长大，并且更多拥有诺曼人的情感，而不是英格兰情怀。这一点大大帮助诺曼人征服英格兰。

尽管克努特大帝以外国人的身份征服英格兰，但他像英格兰国王一样统治英格兰王国。克努特大帝年纪轻轻就被选为国王，并且英格兰是他统治的第一个王国。虽然很快，他继承丹麦王位，征服挪威，但英格兰始终是克努特

克努特大帝向诺曼底的埃玛写求婚

大帝最喜爱的王国。克努特大帝开始粗暴驱逐和处死他认为危险的人，特别是"决策无方者"埃塞雷德国王的亲属。与母亲诺曼底的埃玛生活在英格兰相比，诺曼底的埃玛与"决策无方者"埃塞雷德的两个儿子"显贵者"阿尔弗雷德和"忏悔者"爱德华，在舅舅诺曼底公爵理查二世的照顾之下更安全。诺曼底公爵理查二世是诺曼底的理查一世的儿子。996年到1026年，诺曼底公爵理查二世统治诺曼底。坐稳王位后，克努特大帝的脾气不再那么粗暴。他用英格

"忏悔者"爱德华

兰法律统治英格兰人,并且逐渐摆脱随他而来的丹麦人和授予爵位、担任要职的人。此时,克努特大帝又将英格兰的土地还给英格兰人。此时,在克努特大帝的统治下,英格兰成为北海沿岸地区的中心。这是英格兰空前绝后的盛况。童年时,克努特大帝的父亲"八字胡"斯文受洗,但"八字胡"斯文背弃基督教改信异教。因此,克努特大帝是在异教氛围中长大的。不过,青年时期,克努特大帝受洗并取教名兰伯特。如同罗洛一直叫罗洛而不是罗贝尔一样,克努特大帝一直叫克努特大帝而不是兰伯特。克努特大帝前往罗马朝圣,受到教皇

教皇约翰十九世

约翰十九世和神圣罗马帝国皇帝康拉德二世的热烈欢迎。当时，康拉德二世正在罗马接受加冕。克努特大帝统治时期所有的战争都发生在北方，即苏格兰、挪威和瑞典。克努特大帝与诺曼底公爵理查二世向来关系很好，但在克努特大帝统治结束前，克努特大帝与诺曼底的关系发生变化。诺曼底公爵理查二世去世后，其子理查三世继承诺曼底公爵爵位，但只在位两年。1028年，诺曼底公爵理查二世的另一位儿子罗贝尔继位。在很多方面，诺曼底公爵罗贝尔一世都很出名，但最重要的一点或许是他是"征服者"威廉的父亲。

神圣罗马帝国皇帝康拉德二世

诺曼底公爵罗贝尔一世

毫无疑问，克努特大帝和诺曼底公爵罗贝尔一世有过争执，但有关争执的说法很多，我们无法弄清真相。不过，诺曼底公爵罗贝尔一世似乎娶了克努特大帝的妹妹埃斯特里特·斯万斯达特，但后来抛弃了她。此前，埃斯特里特·斯万斯达特嫁给丹麦的乌尔夫伯爵，但乌尔夫伯爵被克努特大帝处死。埃斯特里特·斯万斯达特的儿子叫斯文。后来，斯文成为丹麦国王，即斯文二世，并且在英格兰历史中扮演了重要的角色。诺曼作家提到克努特大帝入侵诺曼

克努特大帝与乌尔夫伯爵

埃斯特里特·斯万斯达特

斯文二世

底，并且在围攻拉昂时驾崩。不过，克努特大帝确实是1035年在沙夫茨伯里平静驾崩的。诺曼底公爵罗贝尔一世虽然没有真正入侵英格兰，但做好了入侵的准备。在邻国的事务中，诺曼底公爵罗贝尔一世发挥重要作用，并且他似乎特别乐意帮助被剥夺权势的君主恢复统治权。诺曼底公爵罗贝尔一世帮助佛兰德斯伯爵鲍德温四世和法兰西国王亨利一世复辟。更重要的是诺曼底公爵罗贝尔一世如果以任何理由与克努特大帝发生任何争执，那么诺曼底公爵罗贝尔一世很有可能设法让其表亲，即英格兰王子，"决策无方者"埃塞尔雷德的儿

佛兰德斯伯爵鲍德温四世与妻子埃诺女伯爵瑞希尔蒂斯

法兰西国王亨利一世

子"显贵者"阿尔弗雷德和"忏悔者"爱德华回国,并且帮助他们中的一位登上英格兰王位。据说,诺曼底公爵罗贝尔一世已经组织好一支舰队出发,但被风阻碍,舰队被吹到布列塔尼沿岸。诺曼底公爵罗贝尔一世与布列塔尼伯爵艾伦三世没有发生任何争执。因此,诺曼底公爵罗贝尔一世没有试图征服包括英格兰的大不列颠,而是劫掠高卢。诺曼底公爵罗贝尔一世劫掠高卢的尝试无疑使诺曼入侵英格兰成为可能,特别让其子"征服者"威廉有了这种想法。

现在,我们要详细说明"征服者"威廉继承诺曼底公爵爵位和他的青年时期。克努特大帝和诺曼底公爵罗贝尔一世相继离世。克努特大帝驾崩后,英格兰再次分裂。此前,英格兰曾经分裂,分别被埃德蒙·艾恩赛德和克努特大帝两人统治。威塞克斯伯爵戈德温和威塞克斯人希望保留诺曼底的埃玛的儿子哈德克努特登上英格兰王位的权力。此时，哈德克努特已经继承父亲克努特大帝的王位统治丹麦。但按照规定，哈德克努特只能拥有威塞克斯。与此同时，英格兰其他地方，连同整个英格兰的统治权都应该传给哈拉尔二世。据说，哈拉尔二世是克努特大帝和英格兰女人艾尔夫吉夫的儿子。但哈德克努特身在丹麦统治丹麦王国，把英格兰的相关事务交给母亲诺曼底的埃玛，威塞克斯伯爵戈德温做大臣。英格兰夫人诺曼底的埃玛统治威塞克斯。看起来，这种形式越来越接近诺曼征服英格兰，但一些老作家讲述的截然不同。可以肯

哈德克努特

"显贵者"阿尔弗雷德被挖去双眼

定,英格兰王子"显贵者"阿尔弗雷德和"忏悔者"爱德华中一人或两人再次尝试夺回英格兰王位,但"显贵者"阿尔弗雷德落入"飞毛腿"哈罗德之手,并且被挖去双眼后死去。但这则故事的细节矛盾重重,有人说"忏悔者"爱德华带领一支诺曼舰队入侵英格兰,并且在南安普顿赢得一场战役。然而后来,"忏悔者"爱德华什么也没做就乘船离去。另外一些英格兰人没有提到"忏悔者"爱德华,只提到"显贵者"阿尔弗雷德。很多人相信威塞克斯伯爵戈德温将"显贵者"阿尔弗雷德出卖给"飞毛腿"哈罗德,但这种说法似乎忘记威塞克斯伯爵戈德温是哈德克努特的大臣。还有人认为"显贵者"阿尔弗雷德身边有一大群诺曼人。这些诺曼人最后都被残忍处死。现在,我们的主要目的是明白诺曼人彻底相信威塞克斯伯爵戈德温或者以他为首的英格兰人出卖并杀害了"显贵者"阿尔弗雷德，即诺曼底公爵罗贝尔一世的亲属。因此，出卖和杀害"显贵者"阿尔弗雷德成为诺曼底报复英格兰的理由，最重要的是报复威塞克斯伯爵戈德温的理由。

接下来，英格兰发生的一件事可能令诺曼人不高兴，因为威塞克斯人厌倦了等待一直待在丹麦的哈德克努特国王。因此，1037年，威塞克斯人背弃哈德克努特，改选"飞毛腿"哈罗德做威塞克斯及英格兰其他地方的国王。"飞毛腿"哈罗德做的第一件事是将诺曼底的埃玛赶出英格兰。诺曼底的埃玛没

"飞毛腿"哈罗德

有前往诺曼底，而是来到佛兰德斯。因为正如我们马上看到的，此时，诺曼底正陷入一片混乱。1040年，"飞毛腿"哈罗德驾崩，哈德克努特再次被选为英格兰国王。这样，英格兰就有一位母亲拥有诺曼血统的国王。诺曼底的埃玛回到英格兰，哈德克努特派人将同母异父的哥哥"忏悔者"爱德华从诺曼底接来并安排他住在自己的王宫。"忏悔者"爱德华带来他和哈德克努特的法兰西外甥"懦弱者"拉尔夫。"懦弱者"拉尔夫是"决策无方者"埃塞雷德和诺曼底的埃玛的女儿戈德格夫——或叫戈达——的儿子。戈德格夫嫁给住在芒特的德罗戈。这样，诺曼底和法兰西对英格兰的影响不断加深。哈德克努特和"忏悔者"爱德华的另外一个妹妹，即克努特大帝和诺曼底的埃玛的女儿贡希尔达嫁给了亨利国王，即后来伟大的神圣罗马帝国皇帝亨利三世。1042年，哈德克

神圣罗马帝国皇帝亨利三世

努特驾崩,与哥哥"飞毛腿"哈罗德一样,哈德克努特统治时间也很短。英格兰人说自己受够了外邦国王的统治,并且希望拥有古老英格兰血统的国王。拥有这一血统的家族只有两名成员还活着,即埃德蒙·艾恩赛德(埃德蒙二世)留下的双胞胎儿子埃德蒙和"流亡者"爱德华。克努特大帝统治时期,埃德蒙和"流亡者"爱德华已经被送到海外。彼时,埃德蒙已经去世,"流亡者"爱德华远在匈牙利。按照当时的法律,"流亡者"爱德华是英格兰王位的合法继承人,因为他是埃德蒙二世的儿子, 国王哥哥的儿子更有权继承王位。但那时,英格兰人只考虑王室成员,不考虑特定的继承规则。因此,没人想到远在匈牙利的"流亡者"爱德华。英格兰王国的贤人会议选择身在近旁的"决策无方者"埃塞雷德和诺曼底的埃玛的儿子"忏悔者"爱德华,另一些人选择克努特大帝的妹妹埃斯特里特·斯万斯达特的儿子丹麦国王斯文二世。当时,斯文二世很好地统治了丹麦,这也是一些人选择斯文二世的原因。但最终,渴望选择有英格兰古老血统的国王的想法使英格兰人选择了"忏悔者"爱德华。

随着"忏悔者"爱德华当选英格兰国王,英格兰人与诺曼人的关系更密切。几乎可以说,诺曼征服英格兰是从"忏悔者"爱德华统治时期开始。人们认为选择"忏悔者"爱德华,英格兰王室就重登英格兰王位,但事实上,是诺曼人被选为英格兰国王。哈德克努特和"忏悔者"爱德华都拥有诺曼血统,但哈德克努特不在诺曼底长大,他的情感和行为方式都是丹麦式的。与哈德克努特不同,"忏悔者"爱德华的情感和行为方式是诺曼式的。"忏悔者"爱德华有一位诺曼裔母亲诺曼底的埃玛,但这与他的诺曼情怀没有多大关系,因为这对母子之间没有多少强烈的情感。诺曼底的埃玛完全忽视了自己和"决策无方者"埃塞雷德的孩子们,甚至反对"忏悔者"爱德华登上英格兰王位。登上英格兰王位没多久,"忏悔者"爱德华没收了母亲诺曼底的埃玛的财产。"忏悔者"爱德华之所以更像诺曼人而不是英格兰人,是因为他从小在诺曼底生活,有很多诺曼朋友。其中,"忏悔者"爱德华最主要的朋友是其年轻的表亲诺曼底公爵威廉。"忏悔者"爱德华喜欢讲法语,身边有许多讲法语的人,特别是

"忏悔者"爱德华登上英格兰王位

诺曼裔神父。后来，"忏悔者"爱德华将英格兰的主教和高级神职授予诺曼裔神职人员，并且尽可能将英格兰的土地和官职分给诺曼人和其他说法语的人。与授予高级神职不同，"忏悔者"爱德华不能随心所欲授予世俗高级职位——他必须征得贤人会议的同意。然而，贤人会议宁愿允许外邦人当主教也不愿意外邦人当伯爵。因此，在"忏悔者"爱德华统治时期，英格兰有一些说法语的主教和修道院院长，但只有一位说法语的伯爵，即"忏悔者"爱德华的妹妹戈德格夫的儿子"懦弱者"拉尔夫。"忏悔者"爱德华统治前期，这种情况十分明显，因为这段时期主要是英格兰势力与外邦势力相互角力的时期。

"忏悔者"爱德华虔诚、性情温和，并且总是喜欢外邦人。"忏悔者"爱德华的主要过错是不时地感情用事，并且总是被亲信鼓动，发布一些鲁莽又残忍的命令。实际上，他性情不残暴，也没有当时常见的其他恶习。"忏悔者"爱德华是一个善良虔诚的人，并且赢得了英格兰人和诺曼人的尊敬。"忏悔者"爱德华很早就被视为圣人，并且人们认为他能创造奇迹。但他性格软弱，不适合治理国家。1041年到1050年——"忏悔者"爱德华的统治前九年，英格兰经历了一场漫长的斗争。这场斗争决定英格兰到底由国王"忏悔者"爱德华的外邦亲信统治还是英格兰的威塞克斯伯爵戈德温统治。威塞克斯伯爵戈德温与朋友温彻斯特的莱芬是"忏悔者"爱德华当选国王的主要推手。"忏悔者"爱德华对威塞克斯伯爵戈德温的感激之情使威塞克斯伯爵戈德温在英格兰拥有一人之下万人之上的地位。"忏悔者"爱德华娶威塞克斯伯爵戈德温的女儿威塞克斯的伊迪丝为妻，威塞克斯伯爵戈德温的儿子们也逐渐成为伯爵。威塞克斯伯爵戈德温的有些儿子甚至在年幼时就成为伯爵。威塞克斯伯爵戈德温无疑是一个热爱自己生活的土地和自己所属民族的英格兰人，但为自己和孩子们的利益，他贪得无厌。将女儿威塞克斯的伊迪丝嫁给"忏悔者"爱德华时，威塞克斯伯爵戈德温无疑盼着自己的外孙戴上英格兰王冠。但"忏悔者"爱德华无子嗣，至少在他统治早期是这种情况。另外，对妻子威塞克斯的伊迪丝，"忏悔者"爱德华似乎没有多少爱意。大量的伯爵出自威塞克斯伯爵戈德温家

威塞克斯的伊迪丝

族不仅触怒了诺曼人,还使英格兰其他地方的伯爵和百姓不快。因此,"忏悔者"爱德华统治前几年见证了威塞克斯伯爵戈德温权势的起落。

在此,我们应该解释一下"忏悔者"爱德华统治时期英格兰有权势的人有哪些及他们拥有的伯爵领地。伯爵领地指一位伯爵统治的一个或多个郡。伯爵不仅是一个等级或头衔,更是由国王和贤人会议授予的爵位。"忏悔者"爱德华统治时期有四块主要的伯爵领地。这四块伯爵领地是当时四个最强大的古老王国——威塞克斯、麦西亚、诺森伯兰和东安格利亚的所在地。这四块伯爵领地一直存在,但英格兰还有一些其他伯爵领地。各郡经常从一位伯爵名下划分到另一位伯爵名下。当时,各郡在不同伯爵手中易手是被允许的。位于英格兰中部的麦西亚各郡就遇到这种情况。"忏悔者"爱德华当选国王时,戈德温是威塞克斯伯爵,拥有泰晤士河以南的英格兰。著名的丹麦人西瓦尔德是诺森伯兰伯爵,拥有英格兰亨伯河和里布尔河以北的地方,以及北安普顿郡和

丹麦人西瓦尔德

麦西亚伯爵利奥弗里克

亨廷登郡。利奥弗里克是麦西亚伯爵,但他直接统治的地方只有麦西亚西部。我们不知道东安格利亚伯爵是谁。除了这些伯爵领地,一些伯爵拥有一个或多个郡,但这些伯爵似乎处在大伯爵的统治之下。当拥有领地面积较小的伯爵爵位空缺时,国王"忏悔者"爱德华的朋友或威塞克斯伯爵戈德温的家族成员将补上空缺。起初,"忏悔者"爱德华的外甥"懦弱者"拉尔夫是伍斯特郡的伯爵,后来成为赫里福德郡的伯爵。威塞克斯伯爵戈德温也很快为自己的长子斯文·戈德温森及哈罗德·戈德温森、拜奥恩·埃斯特里德森争取到爵位。拜奥恩·埃斯特里德森是威塞克斯伯爵戈德温女儿威塞克斯的伊迪丝的表亲,即丹麦国王斯文二世的弟弟。斯文·戈德温森拥有一片形状奇怪的领地。这片领地包括萨默塞特郡、格洛斯特郡、赫里福德郡、伯克郡和牛津郡。哈罗德·戈德温森拥有东安格利亚，拜奥恩·埃斯特里德森拥有除北安普顿郡和亨廷登郡外的整个东麦西亚。因此，威塞克斯伯爵戈德温及其家族权势很大，但由于斯文·戈德温森杀死拜奥恩·埃斯特里德森，威塞克斯伯爵戈德温家族的地位动摇。于是，斯文·戈德温森被放逐，但后来重新获得伯爵领地。

显然，威塞克斯伯爵戈德温极力反对国王"忏悔者"爱德华偏爱外邦人。"忏悔者"爱德华偏爱外邦人表现在他任命的教会主教和高级神职人员。"忏悔者"爱德华统治早期，1044年，伦敦教区主教授予诺曼底的瑞米耶日修道院院长罗贝尔。这是讲法语的人首次担任英格兰地区的主教。罗贝尔的权力大过

诺曼底的瑞米耶日修道院院长罗贝尔

"忏悔者"爱德华，并且用强权手段对付英格兰人，特别是威塞克斯伯爵戈德温。最终，1051年，罗贝尔成为坎特伯雷大主教。另外，其他英格兰境内主教的职位也授予诺曼人。在英格兰各地，诺曼人的办事员和骑士享有圣俸和财产。然而，除了外甥"怯懦者"拉尔夫，"忏悔者"爱德华不敢贸然将爵位赐给任何诺曼人或其他外邦人。在英格兰，诺曼人带来修建城堡之风，但英格兰人习惯在城镇构筑防御工事。国王和大臣们住在高处用栅栏围起的宫里。另外，诺曼人开始在英格兰建造城堡。这些城堡要么是坚固的方塔，要么是围起高地的坚固的石墙。从那时起，诺曼人用各种方式压迫英格兰人。因此，那时的作家写道，建造城堡使英格兰人不寒而栗。

罗贝尔被任命为坎特伯雷大主教标志着诺曼人完全按照自己方式行事的时代到来。大约此时，"忏悔者"爱德华的妹夫布洛涅伯爵厄斯塔斯一世来访。返回时，布洛涅伯爵厄斯塔斯一世与随从骑马来到多佛镇，并且随意进入民宅驻扎。于是，一场战斗爆发，布洛涅伯爵厄斯塔斯一世与当地民众都有伤亡。布洛涅伯爵厄斯塔斯一世骑马折回并告诉"忏悔者"爱德华多佛镇居民如何粗鲁无礼地对待自己。"忏悔者"爱德华勃然大怒，命令威塞克斯伯爵戈德温用火和剑摧毁多佛镇。但威塞克斯伯爵戈德温说除非依据法律，否则自己不会依令行事，不会处决自己领地内的任何人。多佛镇居民应该合法地在贤人会议受审，并且多佛镇居民如果被判有罪，那么应该受到合法的惩罚。当诺曼人在肯特郡恣意妄为时，赫里福德郡的民众也发出同样的反对声。包括建造理查城堡的理查和儿子奥斯本·菲茨理查德等在内的一些诺曼人沉重压迫英格兰人。与此同时，与以往任何时候相比，坎特伯雷大主教罗贝尔和其他诺曼人都极力煽动"忏悔者"爱德华反对威塞克斯伯爵戈德温，并且经常提醒"忏悔者"爱德华"显贵者"阿尔弗雷德遇害之事。威塞克斯伯爵戈德温及其子集结领地上的民众，要求"忏悔者"爱德华将包括布洛涅伯爵厄斯塔斯一世在内的诺曼人交由法庭审判。"忏悔者"爱德华将英格兰王国的其余部队集结在诺森伯兰伯爵西瓦尔德、麦西亚伯爵利奥弗里克和"怯懦者"拉尔夫手下，并且准备作战。威塞克斯人和东安格利亚人向"忏悔者"爱德华所在的格洛斯特进军，但实际上，战争受到麦西亚伯爵利奥弗里克的阻拦。交战双方一致同意一切事务应该由在伦敦的贤人会议裁决。"忏悔者"爱德华带领一支军队来伦敦召开会议。斯文·戈德温森的地位重新变成非法，威塞克斯伯爵戈德温和哈罗德·戈德温森以罪犯身份出庭受审，因为威塞克斯伯爵戈德温和哈罗德·戈德温森拒绝在没有安全通行证的情况下前来，因此，威塞克斯伯爵戈德温和哈罗德·戈德温森遭到放逐。哈罗德·戈德温森和利奥弗温·戈德温森在爱尔兰避难，威塞克斯伯爵戈德温和其他家族成员来到佛兰德斯。"忏悔者"爱德华的妻子威塞克斯的伊迪丝留在英格兰，但被剥夺王室头衔，并且被送到惠韦尔修道院。一段时间内，诺曼人大肆按照自己的意愿行事。此时，他们认为是诺曼底公爵威廉探望表亲"忏悔者"爱德华的大好时机。当时，诺曼底公爵威廉才二十三岁。七岁时，他就成为诺曼底公爵。现在，我们需要回去看看诺曼底公爵威廉统治早期，诺曼底发生了什么。

第4章
诺曼底公爵威廉的青年时期

精彩看点

诺曼底公爵威廉的出生和继位——诺曼底公爵威廉的童年——诺曼底西部的起义——瓦尔斯沙丘战役——诺曼底公爵威廉拜访"忏悔者"爱德华——诺曼底公爵威廉在诺曼底——诺曼底公爵威廉与法兰西的战争——征服曼恩

在前文，我们已经提到诺曼底公爵罗贝尔一世，以及他如何设法将表亲英格兰王子"显贵者"阿尔弗雷德和"忏悔者"爱德华接回英格兰。在统治末期，诺曼底公爵罗贝尔一世决定前往耶路撒冷朝圣，并且在耶稣墓前祈祷，祈求耶稣饶恕自己的罪过。为防止在漫长危险的朝圣途中去世，诺曼底公爵罗贝尔一世希望临走前解决自己领地的继承问题。诺曼底公爵罗贝尔一世没有合法的孩子，但他不确定自己的亲属中谁最有资格继承诺曼底公爵领地。诺曼底公爵罗贝尔一世费尽周折说服诺曼底的贤人接受自己的小儿子威廉为诺曼底公爵，因为诺曼底公爵罗贝尔一世和威廉的母亲埃尔蕾瓦一直没有结婚。以前，威廉被叫作私生子威廉，直到他为自己赢得"征服者"威廉和威廉大帝的名号。在父亲罗贝尔成为诺曼底公爵前，威廉出生。那时，罗贝尔只是埃思莫斯地区的伯爵。岩石镇的法莱斯是埃思莫斯地区的首府。在埃思莫斯，罗贝尔拥有一座城堡。法莱斯还有一座著名城堡，但这座城堡建造的时间比威廉出生的时间晚。因此，威廉肯定不是在这座城堡内出生的。可以肯定的是，威廉出生在法莱斯，其母埃尔蕾瓦是镇上一名制革工人的女儿。后来，诺曼底公爵罗贝尔一世让埃尔蕾瓦做了自己的内侍。埃尔蕾瓦和诺曼底公爵罗贝尔一世还有一个女儿叫诺曼底的阿德莱德。诺曼底公爵罗贝尔一世去世后，埃尔蕾瓦嫁给一位叫赫尔温·德·孔特维尔的骑士。埃尔蕾瓦和赫尔温·德·孔特维尔生下两个儿子，威廉同母异父的弟弟——奥多和莫尔坦伯爵罗贝尔。在我们的故事中,奥多和莫尔坦伯爵罗贝尔发挥了重要作用。威廉丝毫不为自己卑微的身份感到羞耻。成为公爵后,威廉让自己同父异母的弟弟奥多和莫尔坦伯爵罗贝尔都拥有了高贵的身份。由于威廉不是诺曼底公爵罗贝尔一世合法的儿子,根据当时的法律,他没有权利继承诺曼底公爵爵位。但当时的继承法尚未最终确定,诺曼人也不在意婚姻和出生的合法性。阻碍威廉成为未来诺曼底公爵的主要障碍是当时他还是个七岁的孩子。如果父亲诺曼底公爵罗贝尔一世外出去世,那么威

奥多

莫尔坦伯爵罗贝尔

廉没有能力治理诺曼底公国。但诺曼底公爵罗贝尔一世说:"威廉是很小,但会长大。"最终,诺曼底贤人向威廉宣誓效忠。随后,诺曼底公爵罗贝尔一世前去朝圣就再也没有回来。1035年,在回来的路上,诺曼底公爵罗贝尔一世在离家乡很远的希腊的尼凯阿去世,并且被埋葬在那里。君士坦丁大帝统治时期,教会会议在尼凯阿①召开。

威廉成为诺曼底公爵但还没成年前,"显贵者"阿尔弗雷德在英格兰的统

---

① 尼凯阿又称尼西亚。——译者注

治走向悲惨的结局。随后,"忏悔者"爱德华被选为英格兰国王。暂时看不出诺曼底公爵威廉与这两件事有多大关系。童年时,威廉成为诺曼底公爵。童年和青年时期,他很早就将自己锻炼成一个强大又有智慧的人。那时,诺曼贵族很难管理,在少年君主诺曼底公爵威廉的统治下,诺曼贵族为所欲为。另外,诺曼贵族相互斗争、相互谋害,并且反抗年轻的诺曼底公爵威廉的统治。有时,诺曼贵族们甚至想杀害诺曼底公爵威廉,因为他们不愿意让埃尔蕾瓦的儿子做自己的领主。诺曼底公爵罗贝尔一世的一些亲戚认为自己比诺曼底公爵威廉更有权继承诺曼底公爵爵位。年轻的诺曼底公爵威廉拥有一些善良忠诚的护卫,但有些护卫被谋杀。总之,当时,诺曼底处在完全的混乱、分裂中,实力羸弱,并且与法兰西王国的关系日渐疏远。这使法兰西人和法兰西国王亨利一世再次想到诺曼底公国将法兰西王国与大海隔开。于是,法兰西国王亨利一世成为诺曼底公爵威廉的对手,并且将法兰西国王亨利一世在蒂里耶尔的城堡建在法兰西王国与诺曼底公国的边境地区。诺曼底公爵威廉统治早期,法兰西国王亨利一世是诺曼底公爵威廉的对手。后来,法兰西国王亨利一世与诺曼底公爵威廉再次成为对手。但在诺曼底公爵威廉统治最危急的时刻,法兰西国王亨利一世成为诺曼底公爵威廉最坚定的朋友。1047年,诺曼底爆发大规模起义。我们必须详细讲述这次起义。

我们需要记住,诺曼底西部的巴约、库唐斯是诺曼底公国获得拉昂和埃夫勒后占领的。我们还要记住,诺曼底公国更晚时期获得的西部地区是斯堪的纳维亚人的新殖民地。诺曼底东部地区民众已经信奉基督教并讲法语一段时间后,诺曼底地区还有异教徒和丹麦人。现在,我们或许可以确信,早在诺曼底公爵威廉统治以前,大部分诺曼底居民已经是基督教徒,但很有可能,诺曼底西部一些地区仍然使用古老的语言丹麦语。无论如何,在精神和情感方面,法兰西人主导的地区与丹麦人主导的地区存在巨大差异,更不必说巴约。诺曼人到来前,巴约是撒克逊人的定居点。在语言和行为方式方面,诺曼底公国的一部分地区是罗曼式的,但另一部分地区或多或少带有日耳曼人的特

日耳曼人

征。因此，此时，带有日耳曼特征的诺曼人奋起反抗诺曼底公爵威廉的统治，而罗曼式的诺曼人对他忠心耿耿。贝桑和科唐坦的贵族与诺曼底公爵威廉的表亲勃艮第的居伊结盟。这意味着勃艮第的居伊将成为鲁昂和埃夫勒公爵。于是，贝桑和科唐坦就没有了领主。科唐坦领主尼尔二世·德-圣索弗尔成为贝桑和科唐坦的首领。"决策无方者"埃塞雷德统治时期，尼尔二世·德-圣索弗尔的父亲尼尔一世·德-圣索弗尔击退了英格兰人的入侵。诺曼底西部的起义爆发时，诺曼底公爵威廉在瓦洛涅，起义军想捉拿诺曼底公爵威廉。但夜间，诺曼底公爵威廉的弄臣提醒诺曼底公爵威廉起义军的计划。于是，诺曼底公爵威廉骑马逃命，安全回到法莱斯。

诺曼底东部地区的人民对诺曼底公爵威廉忠心耿耿。但诺曼底公爵威廉怀疑自己能否战胜实力强大的起义军。因此，他来到鲁昂和巴黎之间的普瓦西，请求法兰西国王亨利一世帮助自己。于是，法兰西国王亨利一世带领军队与带有法兰西特征的诺曼军队和带有日耳曼人特征的诺曼军队兵戎相见。交战地点在离卡昂不远的瓦尔斯沙丘。这是诺曼底公爵威廉发动的第一场激烈的骑兵战。法兰西国王亨利一世和诺曼底公爵威廉并肩作战对抗起义军，并且杀死起义军的一些首领。但有一次，法兰西国王亨利一世被科唐坦军队的一支长矛射中并从马背上摔下来。这件事在科唐坦半岛居民歌颂的诗歌中广为流传。但无论如何，起义军战败，起义的地方全部臣服诺曼底公爵威廉。后来，逃跑的科唐坦子爵尼尔得到赦免。诺曼底公爵威廉没有严惩被彻底打败的对手，因为此时，他完全掌握了自己的领地。最终，瓦尔斯沙丘战役使诺曼底公国以罗曼式的鲁昂而不是日耳曼式的巴约为诺曼底公国的社会特色。总之，战胜了高卢的撒克逊人和丹麦人后，诺曼底公爵威廉又在不列颠战胜了他们。他必须先征服诺曼底公国，才能征服英格兰。某种程度上，这两次征服之间，诺曼底公爵威廉还得征服法兰西。

因此，在诺曼底，诺曼底公爵威廉第一次当上领主。四年后，即1051年，"忏悔者"爱德华无疑第一次成为英格兰的主人。威塞克斯伯爵戈德温被驱

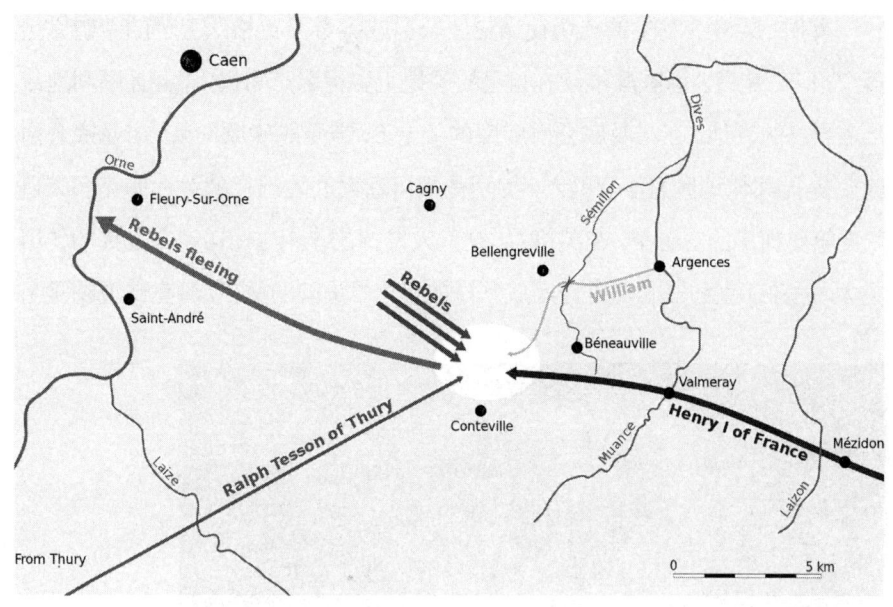

瓦尔斯沙丘战役示意图

逐后,"忏悔者"爱德华的诺曼宠臣为所欲为。此时,年轻的诺曼底公爵威廉拜访表亲"忏悔者"爱德华。英格兰王宫和各地随处可见的诺曼人让诺曼底公爵威廉认为自己身处诺曼人的领地。此时,诺曼底公爵威廉是否第一次想到要在一个似乎看起来已经是诺曼人的王国继承他没有子嗣的表兄"忏悔者"爱德华的王位?可以肯定的是,诺曼底公爵威廉总说"忏悔者"爱德华许诺驾崩后让诺曼底公爵威廉继承王位,这次出访是他最想得到继位承诺的一次出访。我们必须记住,根据英格兰法律,"忏悔者"爱德华不可能真正将王位传给诺曼底公爵威廉。"忏悔者"爱德华能做的至多是在驾崩前将诺曼底公爵威廉推荐给贤人会议。但此时,诺曼底公爵威廉和"忏悔者"爱德华都不太可能考虑英格兰法律,"忏悔者"爱德华的诺曼裔顾问更不会考虑英格兰法律。我们不清楚究竟怎么回事,但可以肯定,此时,"忏悔者"爱德华的确给了诺曼底公爵威廉某种承诺。不管怎样,诺曼底公爵威廉已经征服诺曼底并出访英格兰。这两步是他以征服者而不是客人的身份再次来到英格兰的前提。

第 4 章 诺曼底公爵威廉的青年时期

此时，英格兰发生的一切使诺曼底公爵威廉继承英格兰王位的希望完全落空。但诺曼底公爵威廉继续在自己的领地上赢得名声和权力，并且顺利地统治着自己的领地。在诺曼底公爵威廉的统治下，诺曼底欣欣向荣。诺曼底公爵威廉提拔其他地区有学问的人，特别是来自意大利帕维亚的兰弗朗克和来自勃艮第奥斯塔的安瑟莫。在英格兰，这两人发挥的作用比在诺曼底发挥的作用更大。兰弗朗克和安瑟莫是诺曼底新建的贝克修道院的僧侣。贝克修道院是名

帕维亚的兰弗朗克

奥斯塔的安瑟莫

人的摇篮。诺曼底公爵威廉娶了佛兰德斯的鲍德温伯爵之女佛兰德斯的玛蒂尔达为妻,两人育有几个女儿和三个儿子——罗贝尔、理查和威廉。诺曼底公爵威廉与佛兰德斯的玛蒂尔达的最著名的女儿诺曼底的阿德拉嫁给了布卢瓦伯爵斯蒂芬。诺曼底公爵威廉统治时期,诺曼底既发生了内部叛乱又发动了对外战争。瓦尔斯沙丘战役结束后的一段时间里,诺曼底公爵威廉和法兰西国王亨利一世的友谊一直持续着。随后,他们参加了一场对抗安茹伯爵若弗鲁瓦二世的战争。安茹伯爵若弗鲁瓦二世控制着安茹和诺曼底之间的曼恩地区。1049年,诺曼底公爵威廉第一次扩大了自己的领土,赢得了曼恩的栋夫龙城堡和昂

佛兰德斯的玛蒂尔达

罗贝尔

威廉

诺曼底的阿德拉

布里耶尔城堡。从此,栋夫龙城堡成为诺曼底公国的一部分。不久,法兰西国王亨利一世开始嫉妒诺曼底公爵威廉的权势,并且随时准备帮助任何诺曼底的造反者。于是,法兰西人又开始说诺曼底是从法兰西分割出去的一部分,法兰西的国土应该像过去一样延伸到大海。与法兰西国王亨利一世一样,诺曼底公国邻国的君主们也嫉妒诺曼底公爵威廉。布列塔尼、安茹、沙特尔和蓬蒂厄等邻国都反对诺曼底公爵威廉。但伟大的诺曼底公爵威廉顶住了所有压力。不久,他为自己增加了大片领土。

诺曼底公国与法兰西王国的战争十分重要,因为这场战争对英格兰史影响巨大。事实上,只要中间隔着诺曼底,英格兰王国和法兰西王国就没有争执。但法兰西王国和诺曼底公国有很多争执和战争。因此,当英格兰王国和诺曼底公国由同一位君主统治时,英格兰王国就卷入了诺曼底公国与法兰西王国的争执中。英格兰王国和法兰西王国两国的敌对关系一直持续到诺曼底公国被法兰西征服。实际上,诺曼底公爵威廉和法兰西国王亨利一世的战争是英格兰与法兰西长期战争的开始。法兰西国王亨利一世三次入侵诺曼底:第一次在1053年,法兰西国王亨利一世帮助诺曼底公爵威廉的亲属迪阿尔克伯爵威廉对抗诺曼底公爵威廉。现在,我们还能看到那座有深渠的城堡。在这次战役中,法兰西军队中了埋伏,彻底溃败。蓬蒂厄伯爵昂盖朗二世被杀。于是,这为蓬蒂厄伯爵昂盖朗二世的弟弟蓬蒂厄伯爵居伊一世继位提供了机会。第二年,即1054年,法兰西国王亨利一世带领一支更强大的军队与诺曼底公爵威廉作战。法兰西国王亨利一世麾下的士兵来自法兰西王国和高卢地区许多其他君主的领地。他们兵分两路从塞纳河两岸进攻诺曼底。在诺曼底军队占领的莫特摩尔,从塞纳河右岸而来的法兰西军队溃不成军。夜间,诺曼底军队袭击了法兰西军队。随后,诺曼底公爵威廉派信使前往法兰西国王亨利一世军队所在的塞纳河对岸。在黑暗中,信使爬上树对法兰西军队喊道:"去埋葬在莫特摩尔阵亡的朋友吧!"法兰西军队惊慌逃窜。在这场战役中,新任蓬蒂厄伯爵居伊一世被俘虏。直到蓬蒂厄伯爵居伊一世及其领地臣服于诺曼底公爵威

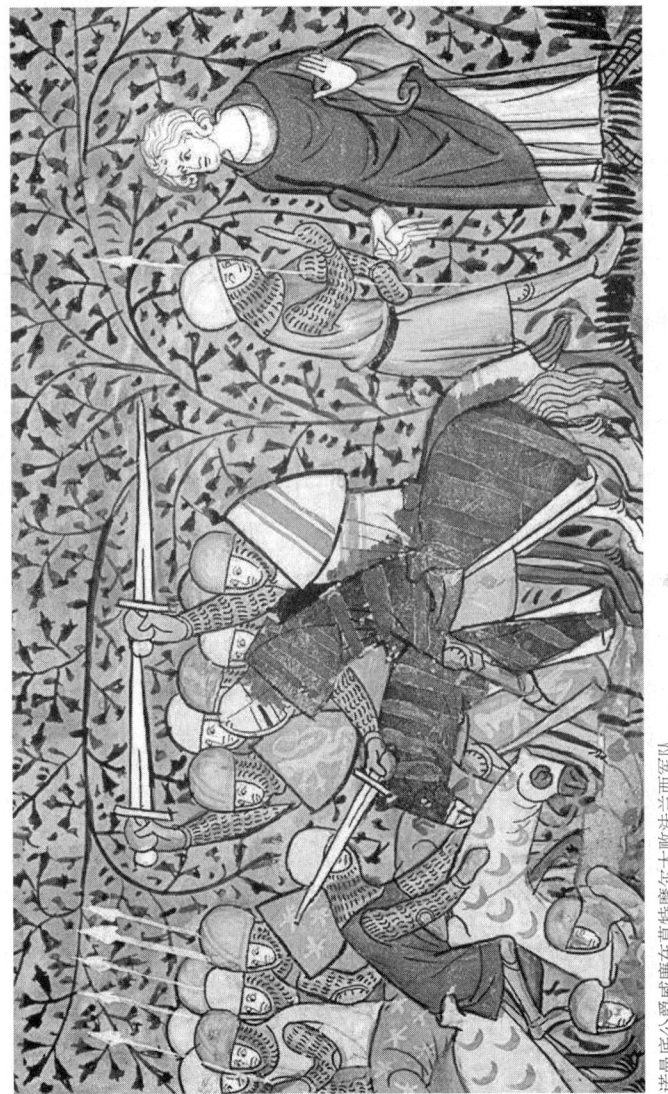

诺曼底公爵威廉在莫特摩尔大败法兰西军队

廉，蓬蒂厄伯爵居伊一世才被释放。此时，诺曼底公爵威廉和法兰西王国达成和平协议。以牺牲安茹为代价，诺曼底公爵威廉又征服了一些地方。但不久后，安茹伯国和法兰西王国再次结盟攻打诺曼底。1058年，法兰西国王亨利一世最后一次入侵诺曼底。这一次，在靠近蒂乌的瓦拉维尔浅滩，法兰西军队遭到突袭，法兰西军队内部联系也被切断。这些战役表明，在激战中对付所有狡猾的勾当时，作战能力强大的诺曼底公爵威廉游刃有余。不久，1060年，法兰西国王亨利一世和安茹伯爵若弗鲁瓦二世相继去世。诺曼底公爵威廉解除安茹伯国和法兰西王国方面的威胁。当时，法兰西新国王腓力一世还是个孩子，摄政是佛兰德斯伯爵鲍德温四世，即诺曼底公爵威廉的岳父。

  因此，在一定程度上，诺曼底公爵威廉在瓦尔斯沙丘战役中巩固了对诺曼底公国的统治，在莫特摩尔和瓦拉维尔的战役中征服了法兰西人。但除了栋夫龙，昂布里耶尔和曼恩边界的一两块地方，诺曼底公爵威廉领地的范围没有再扩展。但此时，他有能力赢得整个曼恩。我们应该仔细研究诺曼底公爵威廉人生中的这一时期，因为他对曼恩的征服和对英格兰的征服惊人的相似。两次征服中，诺曼底公爵威廉都违背当地民众的意愿征服了他们的土地。不过，诺曼底公爵对曼恩和英格兰的征服为当地民众带来了一些合法的权利。曼恩有自己的伯爵，其中一些伯爵很著名。另外，曼恩的大城市勒芒也很出名。勒芒的很多主教也很出名。勒芒居民勇敢，但嫉妒曼恩主教们的自由。但后来，曼恩由安茹伯爵若弗鲁瓦二世统治。安茹伯爵若弗鲁瓦二世去世后，为夺回自己土地，拥有曼恩伯爵爵位合法继承权的埃贝尔向诺曼底公爵威廉推荐自己继承曼恩伯爵。曼恩伯爵埃贝尔二世与诺曼底公爵威廉和解。诺曼底公爵威廉的儿子罗贝尔将娶曼恩伯爵埃贝尔二世的妹妹玛格丽特。未来，曼恩伯爵的爵位将由罗贝尔和玛格丽特的子孙继承。这与"忏悔者"爱德华向诺曼底公爵威廉许诺继承英格兰王位一样。1063年，曼恩伯爵埃贝尔二世去世后无嗣。此时，虽然罗贝尔和玛格丽特还没有结婚，但诺曼底公爵威廉仍然代表自己的儿子罗贝尔统治曼恩。但曼恩民众选择了芒特的沃尔特（戈蒂埃）三世继承曼恩伯

腓力一世

爵爵位，因为他娶了曼恩伯爵埃贝尔二世的姑妈比奥特。沃尔特（戈蒂埃）三世是"忏悔者"爱德华的妹妹戈德格夫的儿子，"懦弱者"拉尔夫的弟弟。这就像英格兰人选择哈罗德·戈德温森做英格兰国王。然后，在曼恩，诺曼底公爵威廉发动战争，并且逐渐占领曼恩，直到当地民众向他投降，沃尔特（戈蒂埃）三世向他臣服。不久，沃尔特（戈蒂埃）三世和比奥特去世。于是，诺曼底公爵威廉被指控毒杀了沃尔特（戈蒂埃）三世和比奥特，但这种情况几乎不可能发生。从此，诺曼底公爵威廉统治曼恩和诺曼底。曼恩无数勇敢的居民不止一次奋起反抗诺曼底公爵威廉及其子。但征服英格兰前，对曼恩的征服使诺曼底公

第 4 章 诺曼底公爵威廉的青年时期 | 081

爵威廉的权势和声望空前高。此前，诺曼底公国和英格兰王国的事务毫无瓜葛，但诺曼底公爵威廉征服曼恩后不久，诺曼底公国和英格兰王国开始发生联系。现在，是时候看看此时英格兰发生了什么。

第5章

威塞克斯伯爵哈罗德·戈德温森和英格兰国王哈罗德·戈德温森

精彩看点

威塞克斯伯爵戈德温和哈罗德·戈德温森归来——威塞克斯伯爵戈德温的复辟——威塞克斯伯爵戈德温之死——与苏格兰人和威尔士人的战争——英格兰王位的继承——威塞克斯伯爵哈罗德·戈德温森的沃尔瑟姆修道院教堂——威塞克斯伯爵哈罗德·戈德温森和诺曼底公爵威廉——威塞克斯伯爵哈罗德·戈德温森的誓言——诺森伯兰起义——"忏悔者"爱德华驾崩——威塞克斯伯爵哈罗德·戈德温森当选英格兰国王并加冕——英格兰国王哈罗德·戈德温森在诺森伯兰——彗星——总结

1052年，诺曼底公爵威廉拜访"忏悔者"爱德华时，除了伊迪丝夫人，威塞克斯伯爵戈德温及其全家都被放逐。此时，在英格兰，诺曼人拥有绝对权力。但不久，英格兰人渴望威塞克斯伯爵戈德温回来。很快，英格兰民众开始厌倦"忏悔者"爱德华的外邦宠臣。"忏悔者"爱德华的外邦宠臣似乎保卫不了英格兰，甚至无法对抗威尔士人的侵犯，因为威尔士首领格鲁菲兹率军来到赫里福德郡，痛击控制理查城堡的诺曼人。英格兰民众派人请威塞克斯伯爵戈德温回到英格兰。于是，威塞克斯伯爵戈德温请求"忏悔者"爱德华让自己回到英格兰，还请佛兰德斯伯爵鲍德温四世和法兰西国王亨利一世帮自己向"忏悔者"爱德华恳求，但"忏悔者"爱德华的亲信们不同意威塞克斯伯爵戈德温返回英格兰。1052年，威塞克斯伯爵戈德温决定不经"忏悔者"爱德华许可返回英格兰，因为他知道英格兰人不会反对自己。威塞克斯伯爵戈德温从佛兰德斯起航，哈罗德·戈德温森和利奥弗温·戈德温森从都柏林起航。哈罗德·戈德温森和利奥弗温·戈德温森舰队的船员肯定是在爱尔兰的丹麦人。或许是英格兰人害怕丹麦人的原因。在萨默塞特的波洛克登陆时，当地人抵抗哈罗德·戈德温森和利奥弗温·戈德温森的舰队前来。在一场战役中，哈罗德·戈德温森和利奥弗温·戈德温森打败萨默塞特当地的武装，并且掠夺了波洛克附近的地方。但当威塞克斯伯爵戈德温来到英格兰南部时，没有人抵抗他的部队。相反，人们心甘情愿加入威塞克斯伯爵戈德温的部队，并且愿意与他生死与共。"忏悔者"爱德华纠集了一支舰队对付威塞克斯伯爵戈德温,但舰上的士兵无心作战。威塞克斯伯爵戈德温到来前,"忏悔者"爱德华纠集的舰队就四散逃走了。最终,威塞克斯伯爵戈德温与哈罗德·戈德温森的船相遇,并且一起驶向泰晤士河。1052年9月14日,威塞克斯伯爵戈德温到达伦敦,伦敦市民说威塞克斯伯爵戈德温做什么他们就做什么。"忏悔者"爱德华和他手下的伯爵们又集结军队和舰队,但士兵不愿与威塞克斯伯爵戈德温作战。于是,双方达成和平协议,并且同意在1052年9月15日召开会议解决一切问题。威塞克斯伯爵戈德温毫发无伤就回到了英格兰。伦敦市内和附近所有的诺曼人都感到害怕,并且四处逃离,特别是诺曼裔坎特伯雷大主教罗贝尔和多切斯特主教乌尔夫。罗贝尔和乌尔夫从城内逃出来,一路杀人无数。逃到海外后,他们再没回过英格兰。

威塞克斯伯爵戈德温乘船到达伦敦

1052年9月15日，会议召开，与会人员一致表决，同意归还威塞克斯伯爵戈德温及其家族的财产，恢复威塞克斯伯爵戈德温爵位，并且决定放逐误导"忏悔者"爱德华的诺曼人，特别是已经出逃的坎特伯雷大主教罗贝尔。威塞克斯伯爵戈德温和哈罗德·戈德温森恢复了地位，伊迪丝夫人也从修道院回来了。只有斯文·戈德温森没有回来。他为自己的罪过忏悔，赤脚前往耶路撒冷朝圣，并且在回来的路上去世。斯文·戈德温森去世的时间与其父威塞克斯伯爵戈德温和弟弟哈罗德·戈德温森回到英格兰的时间差不多。"忏悔者"爱德华的一些诺曼裔朋友被允许留下，伦敦主教威廉继续主持他所在教区的教务。但诺曼人从此再没有得到主教或其他重要的公职。英格兰裔主教斯蒂甘德接替罗贝尔任坎特伯雷大主教。这件事情特别值得我们注意，因为斯蒂甘德、威塞克斯伯爵戈德温、哈罗德·戈德温森及全体英格兰人被指控在没有得到教皇利奥九世授权的情况下，驱逐了原坎特伯雷大主教罗贝尔。另外，英格兰议会选举斯蒂甘德为大主教。因此，罗马教廷从未承认斯蒂甘德为合法的坎特伯雷大主教。虽然在诺曼底公爵威廉来到英格兰的前四年里，斯蒂甘德一直是坎特伯雷大主教，但很多英格兰人似乎不敢请斯蒂甘德主持任何教会仪式，因为主教通常由教皇或约克大主教正式宣告为合法主教。我们不难看出，诺曼底公爵威廉是如何一步步实现自己的目的。

　　第二年复活节，即1053年4月15日，威塞克斯伯爵戈德温去世。在"忏悔者"爱德华桌旁，威塞克斯伯爵戈德温突然发病。三天后，威塞克斯伯爵戈德温去世。诺曼人编造了许多关于威塞克斯伯爵戈德温死亡的离奇故事，但在英格兰的编年史中，他的死很普通。威塞克斯伯爵戈德温的儿子哈罗德·戈德温森成为威塞克斯伯爵。在"忏悔者"爱德华接下来执政的十三年里，威塞克斯伯爵哈罗德·戈德温森是英格兰的主要统治者。没有迹象表明"忏悔者"爱德华和威塞克斯伯爵哈罗德·戈德温森存在任何分歧，尽管"忏悔者"爱德华的亲信不是威塞克斯伯爵哈罗德·戈德温森，而是威塞克斯伯爵哈罗德·戈德温森的弟弟托斯蒂格·戈德温森。"忏悔者"爱德华得到允许可以将其诺曼裔朋友留在王宫内,但诺曼人不能管理英格兰王国。英格兰的主教职位授予了英格兰人或者洛林人。洛林人来自现在我们所说的比利时,并且很可能既会说荷兰语又会说法语。"忏悔者"爱德华的外甥"怯懦者"拉尔夫及其朋友迪尔赫斯特的奥达一生都统治着自己的领地。但伯爵爵位一旦空缺,戈德温家族和利奥弗里克家族的成员就会填补空位。麦西亚伯爵利奥弗里克的儿子埃尔夫加继承了威塞克斯伯爵哈罗德·戈德温森的东安格利亚伯爵爵位。1055年,诺森伯兰伯爵西瓦尔德去世,其爵位传给威塞克斯伯爵戈德温的儿子托斯蒂格·戈德温森。1057年,麦西亚伯爵利奥弗里克和"怯懦者"拉尔夫去世,他们的领地再次被分封。麦西亚伯爵埃尔夫加继承其父的领地的麦西亚,"怯懦者"拉尔夫的

麦西亚伯爵埃尔夫加

赫里福德郡领地分给了威塞克斯伯爵哈罗德·戈德温森，但为防止受到威尔士人的攻击，赫里福德郡需要专门守卫。威塞克斯伯爵戈德温的儿子盖斯·戈德温森继承了麦西亚伯爵埃尔夫加的领地东安格利亚，另一个儿子利奥弗温·戈德温森获得肯特和伦敦周围的几个郡。这样，英格兰很大一部分地区都在戈德温家族的统治下，其余地方在利奥弗里克家族的统治下，因为麦西亚伯爵埃尔夫加去世后，其子麦西亚伯爵埃德温继承了其领地。

"忏悔者"爱德华统治的最后几年，实际上是威塞克斯伯爵哈罗德·戈德温森统治英格兰。其间，英格兰发生了几件大事。英格兰王国和苏格兰王国爆发了一场战争。苏格兰的两个家族不断争夺苏格兰王位。在一场战争中，苏格兰国王邓肯一世被杀，麦克佩斯登上王位。邓肯一世是诺森伯兰伯爵西瓦尔德

苏格兰国王邓肯一世

的亲属。因此，诺森伯兰伯爵西瓦尔德希望邓肯一世的儿子马尔科姆登上苏格兰王位。1054年，诺森伯兰伯爵西瓦尔德进军苏格兰，打败麦克佩斯，并且宣布马尔科姆为苏格兰国王。但这场战争持续长达四年，直到麦克佩斯及其子被杀，马尔科姆三世①才统治整个苏格兰王国。然后，威尔士与英格兰也爆发了几场战争。当时是威尔士最后一位伟大首领卢埃林的儿子格鲁菲兹统治的最后几年。1055年，麦西亚伯爵埃尔夫加被流放。随后，麦西亚伯爵埃尔夫加加

麦克佩斯

---

① 马尔科姆登上苏格兰王位后称马尔科姆三世。——译者注

马尔科姆三世

入格鲁菲兹的行列入侵赫里福德郡。"怯懦者"拉尔夫迎战,但他或许只会法兰西式的作战方式,或许对法兰西式的作战方式情有独钟。总之,"怯懦者"拉尔夫让英格兰人用不习惯的骑马方式作战。于是,英格兰军队战败。接着,麦西亚伯爵埃尔夫加和格鲁菲兹烧毁并洗劫了赫里福德郡。为此,威塞克斯伯爵哈罗德·戈德温森重新布防。后来,威塞克斯伯爵哈罗德·戈德温森与格鲁菲兹达成和解,麦西亚伯爵埃尔夫加重新获得东安格利亚伯爵爵位。不久,格鲁菲兹再次发动战争。但在之后的和平时期,格鲁菲兹失去了部分领土。他似乎一直与麦西亚伯爵埃尔夫加及其家人保持联系,并且娶了麦西亚伯爵埃尔夫加的女儿埃尔德盖斯。最终,1062年,威塞克斯伯爵哈罗德·戈德温森无法忍

格鲁菲兹被杀

受格鲁菲兹的掠夺,下决心彻底制服格鲁菲兹。第二年,即1063年,在威尔士,威塞克斯伯爵哈罗德·戈德温森发动了一场声势浩大的战役。为了在山区更好地作战,威塞克斯伯爵哈罗德·戈德温森让英格兰人采取威尔士人的作战方式。于是,所有威尔士人向英格兰人臣服。不久,格鲁菲兹被威尔士民众杀死。威塞克斯伯爵哈罗德·戈德温森将威尔士交给两名贵族布莱迪·辛菲英和瑞沃伦·辛菲英管理。布莱迪·辛菲英和瑞沃伦·辛菲英是威塞克斯伯爵哈罗德·戈德温森的部下。与威尔士和苏格兰的战争几乎是当时英格兰主要的对外战争。此时，诺曼底公国处于和平状态，诺曼底公爵威廉没有再拜访表亲"忏悔者"爱德华。不久，我们会谈到威塞克斯伯爵哈罗德·戈德温森拜访诺曼底公爵威廉之事。

这段时期，英格兰人一定一直在考虑国王"忏悔者"爱德华驾崩后谁继承英格兰王位的问题。按照法律规定，国王一旦去世，贤人会议将在王室成员中选择王位继承人。如果驾崩的国王留下适龄的、可以统治王国的儿子，那么这个儿子很有可能被选中。实际上，这个儿子如果在他父亲加冕为国王后出生，那么享有被选中的特权。但英格兰王位从来不会传给女人，并且国王的外孙似乎不比其他男性继承人更有可能继承王位。虽然王位不能依据国王的遗志继承，但在选举新一任国王时，上一任国王的遗愿会起到一定作用。当时，"忏悔者"爱德华没有孩子，王室中唯一的男性是"忏悔者"爱德华哥哥埃德蒙·艾恩赛德的儿子"流亡者"爱德华。克努特大帝统治时期，"流亡者"爱德华被送往海外。此时，"流亡者"爱德华和妻子阿加莎及三个孩子"显贵者"埃德加、玛格丽特和克里斯蒂娜住在匈牙利。1054年，"忏悔者"爱德华派人请侄子"流亡者"爱德华回英格兰。这无疑意味着"忏悔者"爱德华有意让侄子"流亡者"爱德华继承王位。与此同时，这表明"忏悔者"爱德华已经放弃让表亲诺曼底公爵威廉继承英格兰王位。1057年，埃德蒙·艾恩赛德的儿子，"流亡者"爱德华来到英格兰。然而，不久，"流亡者"爱德华病逝了。当时，"流亡者"爱德华的儿子"显贵者"埃德加还是个孩子，并且由于不是"忏悔者"爱德华的儿子，没有在英格兰出生，"显贵者"埃德加不算英格兰人。因此，人们不得不开始考虑"忏悔者"爱德华驾崩后、"显贵者"埃德加成年前由谁继承英格兰国王。可以想象，"忏悔者"爱德华可能希望将王位传给外甥"怯懦者"拉尔夫。"怯懦者"拉尔夫虽然是"忏悔者"爱德华的外甥，但不是王室成员，不是英格兰人，并且在1057年去世。因此，我们几乎可以肯定，当时，人们开始考虑是否可以从非王室成员中选举国王。于是，威塞克斯伯爵哈罗德·戈德温森似乎拥有特殊的地位。当时，英格兰人曾特别提到他。英格兰人将威塞克斯伯爵哈罗德·戈德温森与"忏悔者"爱德华相提并论，甚至称威塞克斯伯爵哈罗德·戈德温森为一人之下万人之上之人。这非同寻常，一切似乎表明"忏悔者"爱德华一旦驾崩，人们会选择威塞克斯伯爵哈罗德·戈德温森为英格兰国王。

　　11世纪，无论在英格兰还是在诺曼底，几乎每位重要人物都认为自己有责任为教会做出巨大贡献。这些重要人物通常建造、重建或扩建修道院和教堂。当时，在诺曼底公国，诺曼底公爵威廉和手下的贵族们建成许多修道院和教堂。与此同时，在英格兰，许多修道院和教堂也完工了。"忏悔者"爱德华的主要功绩是扩建了泰晤士河上索尼岛的圣彼得教堂，即著名的威斯敏斯特教堂。

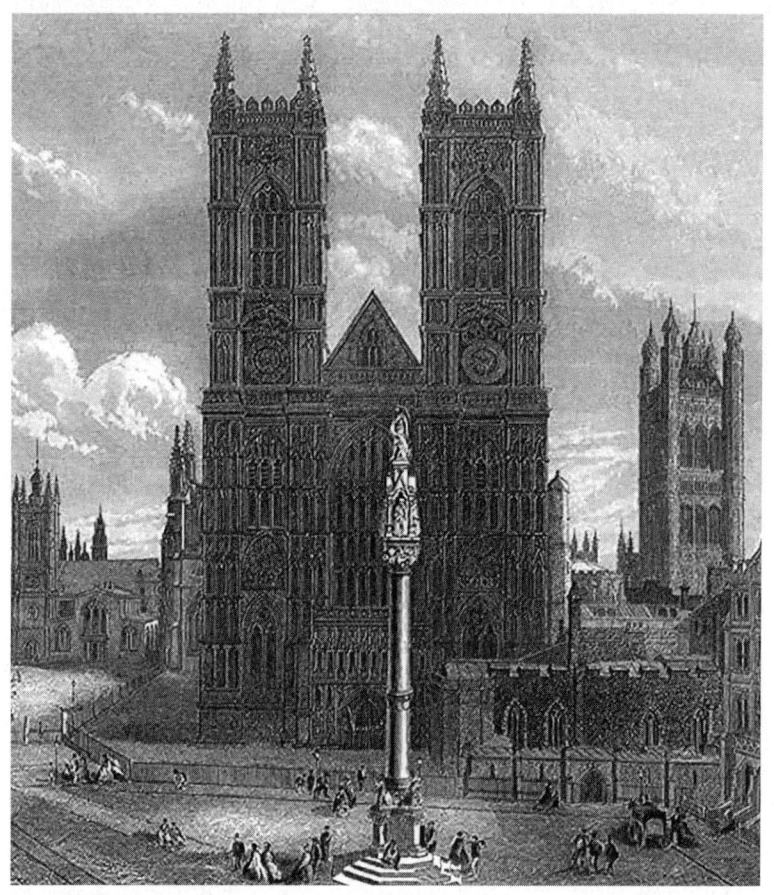

圣彼得教堂

圣保罗大教堂

威斯敏斯特教堂位于伦敦的圣保罗大教堂西面。伊迪丝夫人、麦西亚伯爵利奥弗里克及其妻子戈德格夫、诺森伯兰伯爵西瓦尔德、迪尔赫斯特的乌达伯爵，还有许多主教和修道院院长都忙着修建教堂和修道院。威塞克斯伯爵哈罗德·戈德温森是当时唯一一个不参与修建教堂的人。然而，威塞克斯伯爵哈罗德·戈德温森与主教或者修道院院长一样慷慨，只不过他不是对僧侣，而是对世俗神职人员慷慨。世俗神职人员与僧侣不同。僧侣们以自己的名义宣誓，但世俗神职人员是教区神父、教堂和教堂联合会的教士，只接受教会的约束。当时，英格兰只有几座大教堂由僧侣主持礼拜仪式，但后来，更多教堂由僧侣主持礼拜仪式，因为当时，僧侣在英格兰更普遍。威塞克斯伯爵哈罗德·戈德温森建造威塞克斯的沃尔瑟姆修道院教堂后安排世俗教士而不是僧侣主持礼拜仪式。在威塞克斯，克努特大帝统治时期，克努特大帝的旗手托菲戈曾修建了一座教堂。托菲戈将一个从萨默塞特的莱奥加富斯堡——后来称作蒙塔丘特带来的十字架放在教堂内。人们认为这座十字架能创造奇迹。威塞克斯伯爵哈罗德·戈德温森大规模扩建托菲戈修建的教堂，但当时，托菲戈只任命了两名神父。于是，威塞克斯伯爵哈罗德·戈德温森将神父人数增加到十二名，其中一名是教长或管事者。威塞克斯伯爵哈罗德·戈德温森一生很尊崇沃尔瑟姆修道院教堂的圣十字架，他的作战口号就是"圣十字架"。

在英吉利海峡两岸，诺曼底公爵威廉和威塞克斯伯爵哈罗德·戈德温森赢得各自的声名和权力。无疑，他们分别是高卢和英格兰最重要的人物。但由于英格兰和高卢的政治环境不同，威塞克斯伯爵哈罗德·戈德温森和诺曼底公爵威廉的地位有所不同。威塞克斯伯爵哈罗德·戈德温森是英格兰国王"忏悔者"爱德华的臣子、主要顾问和大臣，也是英格兰王国大部分土地的统治者。不过，有朝一日，威塞克斯伯爵哈罗德·戈德温森有望被选为英格兰国王。诺曼底公爵威廉并不是法兰西国王的臣民，最多是向法兰西国王表示敬意。实际上，诺曼底公爵威廉是一位统治自己土地的君主。但诺曼底公爵威廉没有机会像威塞克斯伯爵哈罗德·戈德温森那样成为自己国家的国王，他唯一的机会是通过武力或计谋赢得英格兰王位。因此，威塞克斯伯爵哈罗德·戈德温森和诺曼底公爵威廉是对手，并且这时，他们肯定已经明白这一点。但目前为止，他们还不存在任何公开的敌意。威塞克斯伯爵哈罗德·戈德温森和诺曼底公爵威廉几乎没有面对面见过，但必定在谨慎地关注着对方的情况。不久，他们将面对面。关于威塞克斯伯爵哈罗德·戈德温森和诺曼底公爵威廉的会面方式有太多说法，但我们无法确定这些说法的真实性。1058年，威塞克斯伯爵哈罗德·戈德温森前往罗马朝圣。据说，在回来的路上，威塞克斯伯爵哈罗德·戈德温森仔细研究了高卢各诸侯国的情况。当时，诺曼底公爵威廉的主要对手是法兰西国王亨利一世，阿基坦公爵威廉和安茹伯爵若弗鲁瓦二世都还活着。或许为防止诺曼底公爵威廉提出任何危险的要求，威塞克斯伯爵哈罗德·戈德

沃尔瑟姆修道院教堂

温森计划与诺曼底公爵威廉的某些主要对手结盟。但关于这次行程的细节性信息，我们一无所知。诺曼底的作家们一再说威塞克斯伯爵哈罗德·戈德温森曾向诺曼底公爵威廉宣誓。后来，威塞克斯伯爵哈罗德·戈德温森违背誓言接受英格兰王位。但各种版本的故事讲述的时间不同，地点不同，环境也不同，导致我们无法确定其细节。然而，关于威塞克斯伯爵哈罗德·戈德温森向诺曼底公爵威廉效忠一事，英格兰作家只字未提。英格兰作家只字未提这件事恰恰证明了威塞克斯伯爵哈罗德·戈德温森向诺曼底公爵威廉起誓的某些真相。因为许多诺曼人诽谤威塞克斯伯爵哈罗德·戈德温森，所以我们可以肯定，如果英格兰人可以否认起誓这件事，他们将乐于否认威塞克斯伯爵哈罗德·戈德温森向诺曼底公爵威廉宣誓。因此，我们可以相信威塞克斯伯爵哈罗德·戈德温森向诺曼底公爵威廉起誓，诺曼底公爵威廉可以说威塞克斯伯爵哈罗德·戈德温森违背了誓言。此外，我们不能确定什么，只能从各种叙述中以一种最可能的方式告诉读者。

　　结束对威尔士战争后的1064年，威塞克斯伯爵哈罗德·戈德温森很有可能与弟弟沃夫诺斯·戈德温森及妹妹艾尔夫吉夫在英吉利海峡航行，但在蓬蒂厄海岸，他们的船失事了。根据当时丑恶的习俗，蓬蒂厄伯爵居伊二世将船失事的威塞克斯伯爵哈罗德·戈德温森关在监狱，并且要求得到赎金。但威塞克斯伯爵哈罗德·戈德温森设法向蓬蒂厄伯爵居伊二世的领主诺曼底公爵威廉捎去口信。诺曼底公爵威廉立即派人向蓬蒂厄伯爵居伊二世支付了一大笔赎金赎出威塞克斯伯爵哈罗德·戈德温森。然后，诺曼底公爵威廉将威塞克斯伯爵哈罗德·戈德温森请到鲁昂的宫廷以礼相待。威塞克斯伯爵哈罗德·戈德温森甚至同意帮助诺曼底公爵威廉一起抵抗布列塔尼伯爵科南四世。这无疑是威塞克斯伯爵哈罗德·戈德温森向诺曼底公爵威廉表达其营救自己的感激。战争中，威塞克斯伯爵哈罗德·戈德温森和诺曼底公爵威廉一起攻占迪南镇。作战时，威塞克斯伯爵哈罗德·戈德温森向诺曼底公爵威廉起誓。这次宣誓很可能是向诺曼底公爵威廉表达敬意。威塞克斯伯爵哈罗德·戈德温森承诺娶诺曼底公爵威廉的一个女儿。这种表达敬意的方式往往是为回报他人的任何恩惠，没有其他意思。威塞克斯伯爵哈罗德·戈德温森刚刚接受诺曼底公爵威廉的一大恩惠，使自己脱离蓬蒂厄伯爵居伊二世的监狱。我们可以从尊敬和感恩两方面理解威塞克斯伯爵哈罗德·戈德温森的起誓：未来，诺曼底公爵威廉继承英格兰王位会有很大优势，因为威塞克斯伯爵哈罗德·戈德温森无论如何都曾是诺曼底公爵威廉的臣民。与此事有关的故事中，有的故事奇怪，有的故事根本不可能发生。比如，威塞克斯伯爵哈罗德·戈德温森被迫做出承诺，声称自己不仅要在"忏悔者"爱德华驾崩后将英格兰王位让给诺曼底公爵威廉，还要放弃多佛城堡和英格兰其他一些地方，并且让诺曼人驻守那里。还有一个特别著名的故事讲述了诺曼底公爵威廉如何欺骗威塞克斯伯爵哈罗德·戈德温森，让威塞克斯伯爵哈罗德·戈德温森不知不觉地以一种异常庄严的方式发誓。据说，威塞克斯伯爵哈罗德·戈德温森被骗将手放在一个箱子上。后来，他被告知箱子里装满了圣人遗物。对威塞克斯伯爵哈罗德·戈德温森所谓的罪行，讲这则故事的人很震惊，虽然他不认为诺曼底公爵威廉的诡计有什么害处。这些故事虽然彼此矛盾，但认同一件事，即威塞克斯伯爵哈罗德·戈德温森承诺娶诺曼底公爵威廉的一个女儿。当然，威塞克斯伯爵哈罗德·戈德温森并没有遵守这一承诺。一切结束后，威塞克斯伯爵哈罗德·戈德温森回到英格兰，留下弟弟沃夫诺斯·戈德温森作为人质兑现自己的承诺，虽然威塞克斯伯爵哈罗德·戈德温森不管这个诺言是什么。

1055年，诺森伯兰伯爵西瓦尔德去世后，威塞克斯伯爵戈德温的儿子托斯蒂格·戈德温森被封为诺森伯兰伯爵。托斯蒂格·戈德温森的领地包括诺森伯兰旁偏远的北安普顿和亨廷登郡。诺曼人说威塞克斯伯爵哈罗德·戈德温森和托斯蒂格·戈德温森从小是对手，但我们没有理由相信这种说法，因为在与威尔士的战争中，托斯蒂格·戈德温森帮助威塞克斯伯爵哈罗德·戈德温森作战。另外，托斯蒂格·戈德温森曾单独与入侵诺森伯兰的苏格兰国王马尔科姆三世作战几次，虽然托斯蒂格·戈德温森与马尔科姆三世曾是结拜兄弟。与威塞克斯伯爵哈罗德·戈德温森一样，托斯蒂格·戈德温森前往罗马朝圣。托斯蒂格·戈德温森及其随从被抢劫时，托斯蒂格·戈德温森对教皇尼古拉二世说出不敬之语。托斯蒂格·戈德温森残暴统治凶悍的诺森伯兰民众，其统治手段从开始严厉的法律制裁逐渐变成残酷的压迫。托斯蒂格·戈德温森总是离开自己的领地，并且将诺森伯兰交给科珀西管理，但这种做法得罪了诺森伯兰的普通民众。因为托斯蒂格·戈德温森是"忏悔者"爱德华的宠臣，所以他总是与"忏悔者"爱德华在一起。最终，当托斯蒂格·戈德温森处决了几名重要

教皇尼古拉二世

人物，并且加征重税时，1065年10月，诺森伯兰的所有民众起义了。在约克，诺森伯兰的百姓召开会议，宣布废黜托斯蒂格·戈德温森，选举麦西亚伯爵埃尔夫加的儿子莫卡为诺森伯兰伯爵。在莫卡统治时期，诺森伯兰伯爵西瓦尔德的后人奥斯沃尔夫统治伯尼西亚。诺森伯兰民众抢夺托斯蒂格·戈德温森的金库，并且杀死了托斯蒂格·戈德温森的追随者和朋友。起义军进军北安普顿，沿路烧杀抢掠。在北安普顿，起义军遇到莫卡的兄长麦西亚伯爵埃德温。麦西亚伯爵埃德温带领其领地上的民众与一大批威尔士人发动叛乱。这样，英格兰的一半地区陷入叛乱。当时，托斯蒂格·戈德温森和"忏悔者"爱德华正在威尔特郡打猎。"忏悔者"爱德华急于向诺森伯兰民众开战，但威塞克斯伯爵哈罗德·戈德温森希望和平解决这一争端，并且准备牺牲弟弟托斯蒂格·戈德温森。因此，"忏悔者"爱德华赋予威塞克斯伯爵哈罗德·戈德温森充分的权力解决这场争端。在牛津郡，威塞克斯伯爵哈罗德·戈德温森举行了一次集会。当看到托斯蒂格·戈德温森与诺森伯兰的起义军和解无望后，威塞克斯伯爵哈罗德·戈德温森答应了诺森伯兰起义军的要求。最终，这场争端得到和平解决，克努特大帝统治时期的法律复兴，诺森伯兰将与克努特大帝统治时期一样得到良好的统治。莫卡被认定是诺森伯兰伯爵，但北安普顿和亨廷登归诺森伯兰伯爵西瓦尔德的儿子诺森伯兰伯爵瓦尔塞奥夫。诺森伯兰伯爵西瓦尔德的后代奥斯沃尔夫似乎生活在莫卡领地的北部，即现在被特别称为诺森伯兰的地方。托斯蒂格·戈德温森遭到放逐，前往佛兰德斯寻求庇护。经过这次起义，撇开威塞克斯伯爵哈罗德·戈德温森的个人权力不说，利奥弗里克家族至少与威塞克斯伯爵戈德温的家族取得同等地位。

现在，我们已经接近"忏悔者"爱德华统治末期。在这段时间，"忏悔者"爱德华一直忙于修建王宫旁的威斯敏斯特教堂。"忏悔者"爱德华驾崩前，威斯敏斯特教堂刚刚完工。1065年，贤人会议的成员来到威斯敏斯特教堂参加圣诞节宴会。与往常一样，"忏悔者"爱德华戴着王冠参加宴会。但在威斯敏斯特教堂落成前，"忏悔者"爱德华病了。1066年1月5日，盛宴还没结束，策尔迪克家族最后一位男性国王"忏悔者"爱德华驾崩。驾崩前，"忏悔者"爱德华说了一些奇怪的话，被人们认为是某种预言。后来，人们才明白"忏悔者"爱德华说的是诺曼征服和后继的国王们。最后，"忏悔者"爱德华向贤人会议推荐威塞克斯伯爵哈罗德·戈德温森担任英格兰国王。1066年1月6日，在主显节宴会上，"忏悔者"爱德华被埋葬在威斯敏斯特教堂。实际上，他专门修建这座教堂作为国王的加冕地和埋葬地。威斯敏斯特教堂落成后的几天内，这两种用途都派上了用场。

此时，英格兰民众期待已久的时刻到来，"忏悔者"爱德华驾崩。英格兰人必须选出一位新国王，但王室没有一位合适的人选。由于圣诞盛宴还没结束，贤人会议的成员都还在威斯敏斯特教堂，所以他们可以立即推选新国王。我们不清楚在英格兰，是否有人知道威塞克斯伯爵哈罗德·戈德温森曾对诺曼底公爵威廉宣誓。即使有人知道这件事，对大局的影响也是微不足道的。是否有人提过或想过诺曼底公爵威廉和威塞克斯伯爵哈罗德·戈德温森对英格兰王位的要求，我们不得而知。可以肯定的是，"忏悔者"爱德华一死，贤人会议就召开会议，并且按照已故国王"忏悔者"爱德华的遗愿，推选威塞克斯伯爵哈罗德·戈德温森做英格兰国王。第二天，即1066年1月6日，在威斯敏斯特教堂，威塞克斯伯爵哈罗德·戈德温森加冕受膏，并且向民众宣誓登基。由于英格兰民众怀疑斯蒂甘德担任坎特伯雷大主教的合法性，加冕仪式由约克大主教埃尔德雷德主持，选择主持加冕的主教这件事是毫无疑问的。虽然有些诺曼作家记述斯蒂甘德为威塞克斯伯爵哈罗德·戈德温森加冕，但他们的意图是暗示威塞克斯伯爵哈罗德·戈德温森的加冕不合法，因为当时，加冕仪式是某人被准许担任国王的重要时刻，如同祝圣主教一样。加冕前，国王可能通过出生的身份或选举登上王位，但直到头上涂圣油戴王冠，国王才真正成为国王。因此，有人可能会争辩说，如果加冕仪式由没有主教权力的大主教主持，那么加冕仪式无效。这反映当时人们的情感值得我们注意。但无疑，在威塞克斯伯爵哈罗德·戈德温森的加冕礼中，一切正常，因为他得到"忏悔者"爱德华临

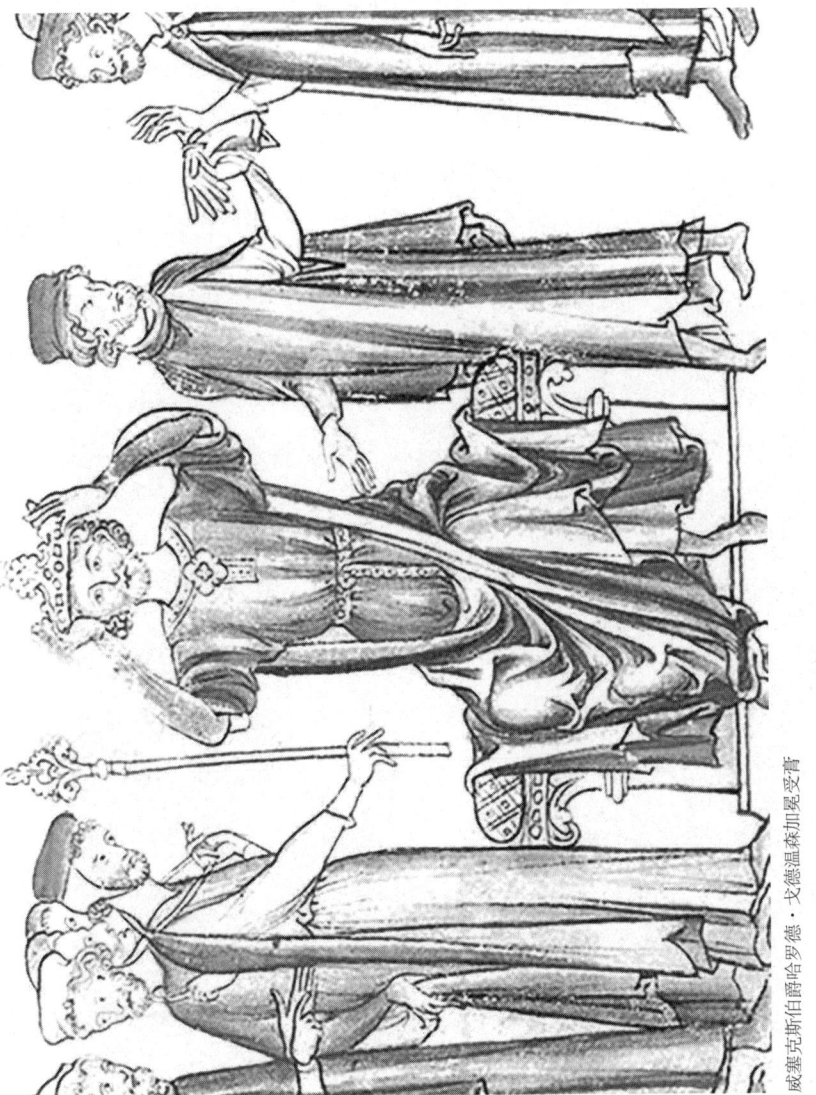

威塞克斯伯爵哈罗德·戈德温森承加冕受膏

终前的推荐,顺利被贤人会议推选,并且他的加冕礼由约克大主教埃尔德雷德主持。如果威塞克斯伯爵哈罗德·戈德温森可以顺利当国王,那么威塞克斯伯爵哈罗德·戈德温森将是威塞克斯伯爵戈德温家族中的第一位国王。当时,英格兰发生的这件事情与三百多年前法兰西发生的事很相似。墨洛温王朝最后一位国王希尔德里克三世被废黜,查理大帝的父亲"矮子"丕平被选为国王。只是在英格兰,"忏悔者"爱德华不必被废黜。他驾崩后,威塞克斯伯爵哈罗德·戈德温森被推选为国王。十分重要的一点是,英格兰王室家族的变更和法

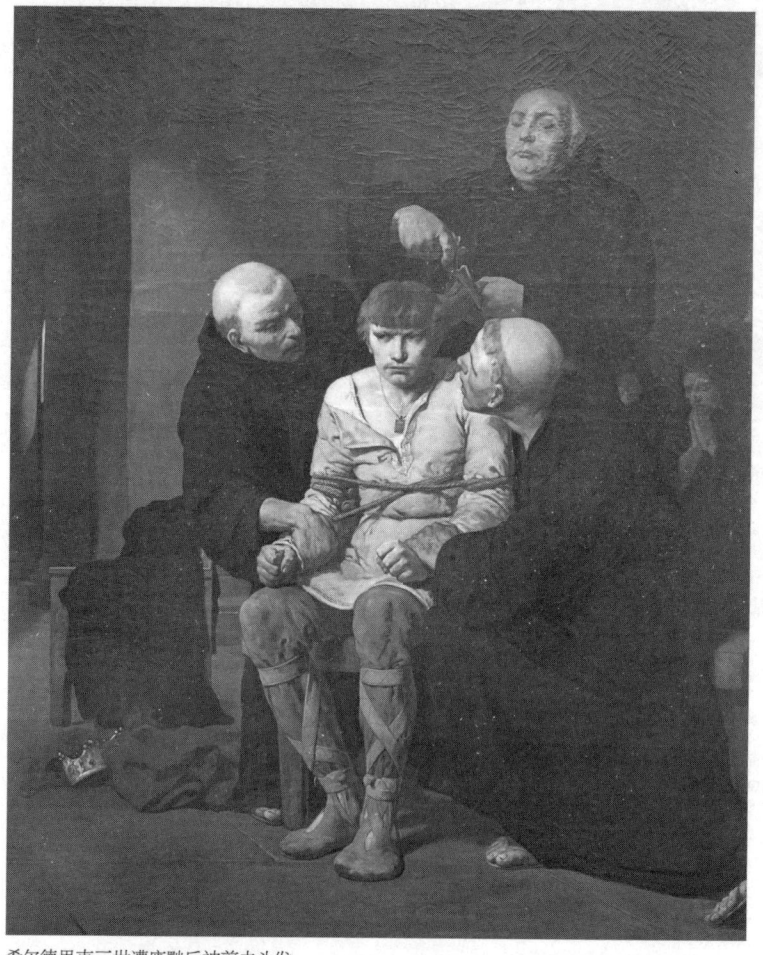

希尔德里克三世遭废黜后被剪去头发

"矮子"丕平

兰克王室家族的更迭完全不同,因为教皇匝加利很赞同"矮子"丕平获得法兰西王位,但对威塞克斯伯爵哈罗德·戈德温森当选英格兰国王,教皇亚历山大二世极不赞成。

英格兰的一本编年史记载,哈罗德·戈德温森统治的九个月是英格兰史中少有的平静时期。事实的确如此,因为哈罗德·戈德温森起初勤于政务。关于诺曼底公爵威廉什么时候第一次对英格兰王位发起挑战,我们不得而知,但肯定是在哈罗德·戈德温森登上英格兰王位后不久。我们最好在另一章中讨论这一问题。很快,哈罗德·戈德温森发现英格兰王国内一部分人并不准备承认他为英格兰国王。实际上，这是诺森伯兰民众对哈罗德·戈德温森登基的态度。不久前，诺森伯兰民众刚刚得到哈罗德·戈德温森的恩惠。当时，哈罗德·戈德温森同意诺森伯兰民众废黜弟弟托斯蒂格·戈德温森，并且选择莫卡做诺森伯兰伯爵的决定。哈罗德·戈德温森的确由约克大主教埃尔德雷德加冕成为英格兰国王，英格兰政坛的主要人物和贤人会议肯定承认他的地位。但我们应该记住，虽然很多出席会议的普通民众来自威塞克斯，但麦西亚和东安格利亚的民众出席了伦敦的议会。来自诺森伯兰的民众肯定不多，几乎每次会议诺森伯兰民众都很少。因为通常，从温切斯特、威斯敏斯特和格洛斯特三地前往英格兰南部各地很方便，但诺森伯兰前往南英格兰不方便。国王的更迭比任何一件事都重要。诺森伯兰民众说选举国王没有征得他们同意也是有理有据。我们不知道麦西亚伯爵埃德温和莫卡与这种不满情绪有多大关系。然而，事发前后，他们的行为看起来与民众的不满情绪有着密切关系。无论如何，诺森伯兰民众拒绝承认哈罗德·戈德温森为英格兰国王。此时，哈罗德·戈德温森做的事与他几个月前做的一样。他想到的不是武力解决争端，而是亲自前往约克，带着朋友伍斯特主教伍尔夫斯坦。伍尔夫斯坦十分虔诚，后来被称为圣伍尔夫斯坦。在约克，哈罗德·戈德温森召集会议。在集会中，哈罗德·戈德温森和伍尔夫斯坦的演讲说服了诺森伯兰民众。最终，诺森伯兰民众向哈罗德·戈德温森臣服，双方没有发生任何战争。此时，为进一步取悦诺森伯兰民众，哈罗德·戈德温森娶了麦西亚伯爵埃德温和莫卡的妹妹威尔士国王格鲁菲兹的遗孀埃尔德盖斯。因此，哈罗德·戈德温森不可能娶诺曼底公爵威廉的女儿。对此，诺曼作家们极力反对这桩婚事，他们指责哈罗德·戈德温森娶了一个被他杀死的人的遗孀。但哈罗德·戈德温森是在公平的战斗中战胜格鲁菲兹的。另外，哈罗德·戈德温森与格鲁菲兹的死没有关系。最后，格鲁菲兹是被威尔士民众杀死的。

　　哈罗德·戈德温森从约克回到威斯敏斯特。在威斯敏斯特，哈罗德·戈德温森举行复活节宴会。复活节宴会通常在温彻斯特举行，但在哈罗德·戈德温

伍斯特主教伍尔夫斯坦

森统治的几个月内,伦敦的重要性不断提高。因为哈罗德·戈德温森一直忙于准备保卫英格兰南部和东部,所以伦敦是最合适的保卫英格兰南部和东部的总部。他没为威塞克斯指派任何伯爵,而是将威塞克斯掌握在自己手中。此外,英格兰东南部诸郡是弟弟盖斯·戈德温森和利奥弗温·戈德温森的伯爵领地。我们看到哈罗德·戈德温森英明的统治和他颁布的公正严明的法律。这意味着与以前做伯爵一样,做国王时,哈罗德·戈德温森也尽职尽责。实际上,哈罗德·戈德温森没有时间制定新的法律,但他似乎花了更多精力改革教会、任命神职人员,因为哈罗德·戈德温森特别需要得到神职人员的支持。这次复活节宴会发生了一件特别的事情：人们看到一颗很亮的彗星，英格兰和其他地方的作家都记录了这颗彗星。在天文学几乎不为人知的年代，人们认为彗星的出现标志重大事件将要发生。人们望着那颗细长的彗星，幻想将要发生什么。此时，每个人都应该意识到即将到来的伟大战争。人们认为这颗彗星的出现预示着某种强大力量的衰落，但他们不知道这颗彗星的出现预示哈罗德·戈德温森的灭亡还是诺曼底公爵威廉的灭亡。

现在，我们已经看到，父亲威塞克斯伯爵戈德温去世后，威塞克斯伯爵哈罗德·戈德温森如何逐渐成为英格兰的主要统治者，以及如何在"忏悔者"爱德华驾崩后成为英格兰国王。我们看到哈罗德·戈德温森向诺曼底公爵威廉宣誓，又因为接受英格兰王位破坏自己的誓言。我们看到哈罗德·戈德温森顺利地被任命、加冕为英格兰国王，并且拥有整个英格兰王国。现在，我们将看看与此同时英格兰以外的地方发生了什么，哈罗德·戈德温森的对手诺曼底公爵威廉做了哪些准备，以及是什么在威胁英格兰。

第6章
哈罗德·戈德温森与"无情者"哈拉尔

精彩看点

托斯蒂格·戈德温森入侵——"无情者"哈拉尔——英格兰国王哈罗德·戈德温森的战争准备——挪威国王"无情者"哈拉尔之旅——富尔福德战役——约克投降——英格兰国王哈罗德·戈德温森进军约克——斯坦福桥战役——斯坦福桥战役后几天

此时，哈罗德·戈德温森和英格兰民众一定很清楚诺曼底公国对自己的威胁，但他们或许没有意识到另一种威胁正在逼近。除了诺曼底公爵威廉，另一个对手已经武装起来并希望对抗哈罗德·戈德温森和英格兰民众。结果，先出击的也是这个对手。这确实是一段不平静的时期，英格兰人必须同时防御两方对手的入侵，或者更确切地说他们可能发现不可能同时防范两位对手。哈罗德·戈德温森竭尽全力保卫英格兰南部海岸不受诺曼人侵略时，另一位意想不到的对手从英格兰北方向哈罗德·戈德温森发起进攻。这位对手是北方著名的挪威国王西居尔的儿子哈拉尔。哈拉尔意志坚定，被称作"无情者"。挪威国王"无情者"哈拉尔先于诺曼底公爵威廉进攻英格兰。然而，挪威国王"无情者"哈拉尔不是第一位进攻英格兰的人。英格兰南部首先被入侵，但进攻英格兰南部的对手实力比挪威国王"无情者"哈拉尔和诺曼底公爵威廉的实力弱很多。这位入侵者不是别人，正是被放逐的托斯蒂格·戈德温森。他似乎一直四处寻求帮助，希望夺回自己的领地，甚至不惜以外邦人入侵英格兰为代价。有人说，托斯蒂格·戈德温森前往诺曼底煽动诺曼底公爵威廉，还有人说托斯蒂格·戈德温森前往挪威煽动挪威国王"无情者"哈拉尔。这些观点很难联系起来，但可以肯定1066年5月以前，托斯蒂格·戈德温森已经从一些地方找到几艘船并来到怀特岛。然后，托斯蒂格·戈德温森沿着英格兰南部海岸线一路抢劫。此时，哈罗德·戈德温森已经准备好强大的舰队和军队进行抵抗。哈罗德·戈德温森刚率军来到海边，托斯蒂格·戈德温森就驶离海边。随后，托斯蒂格·戈德温森来到林德塞大肆掠夺，但被麦西亚伯爵埃德温和莫卡赶走。最后，托斯蒂格·戈德温森前往苏格兰寻求苏格兰国王马尔科姆三世的庇护。

挪威国王"无情者"哈拉尔是北欧最著名的战士。在流放中，他度过自己的青春时光。"无情者"哈拉尔曾在拜占庭帝国皇帝手下服役。当时，拜占庭皇

"无情者"哈拉尔

乔治·马尼亚克斯

帝手下有一支斯堪的纳维亚卫队叫瓦良格人卫队。在瓦良格人卫队中,"无情者"哈拉尔立下赫赫战功。1038年,拜占庭帝国将军乔治·马尼亚克斯从撒拉森人手中夺回西西里岛的大片土地。甚至有人说,"无情者"哈拉尔在非洲与撒拉森人开战。战后,"无情者"哈拉尔前往耶路撒冷朝圣。威尼斯有一块从雅典比雷埃夫斯港运来的石头,上面刻着"无情者"哈拉尔。人们认为这块石头记录了"无情者"哈拉尔在西西里岛的事迹。关于"无情者"哈拉尔还有许多神奇的事,如他杀死龙和狮子,抢走公主等。总之,"无情者"哈拉尔是欧洲北方罗曼史中最伟大的一位英雄。但回到斯堪的纳维亚半岛后,"无情者"哈拉尔获得了他祖先统治的挪威。随后,挪威国王"无情者"哈拉尔与丹麦国王斯文二世展开长期的斗争。"忏悔者"爱德华驾崩，哈罗德·戈德温森当选英格兰国王之际，斯堪的纳维亚处于和平状态。来自挪威的伟大战士"无情者"哈拉尔或许厌倦了和平的状态。于是，他开始计划远征英格兰，无论这是挪威国王"无情者"哈拉尔的意愿还是受托斯蒂格·戈德温森的煽动。可以肯定的是，挪威国王"无情者"哈拉尔出发时，为向自己的哥哥哈罗德·戈德温森和祖国英格兰王国发动战争，托斯蒂格·戈德温森加入了挪威国王"无情者"哈拉尔的军队，并且向挪威国王"无情者"哈拉尔俯首称臣。

整个1066年夏，英格兰国王哈罗德·戈德温森竭尽全力使英格兰南部处于防备诺曼底公国进攻的状态。即使哈罗德·戈德温森早已知道挪威国王"无情者"哈拉尔的入侵计划，保卫英格兰南部仍然是他的要务，因为无论如何哈罗德·戈德温森都不能同时身处两地，而英格兰南部领土是在他直接统治下，并且暴露在更危险的对手诺曼底公爵威廉面前。哈罗德·戈德温森不得不将防御英格兰北方的重任留给当地的伯爵，即麦西亚伯爵埃德温和莫卡。此时，哈罗德·戈德温森是莫卡和麦西亚伯爵埃德温的妹夫，所有英格兰民众都想阻止托斯蒂格·戈德温森回到英格兰。哈罗德·戈德温森召集了他统治时期英格兰最强大的舰队和军队，让舰队和军队一直监视英格兰南海岸。长时间驻扎在英格兰南海岸是一项十分艰苦的任务，因为军队中只有一小部分官兵是能领到固定俸禄的哈罗德·戈德温森的侍卫。实际上，大部分士兵是英格兰的普通百姓，他们的责任是应召入伍。这支军队已经做好战斗准备，但让他们长时间处于武装状态而不作战很困难。另外，英格兰政府要向士兵们提供补给，并且不允许他们掠夺英格兰。哈罗德·戈德温森让军队从1066年5月坚持到1066年9月。实际上，这支军队一直在等待诺曼底公爵威廉入侵，但诺曼底公爵威廉一直没有入侵英格兰。1066年9月月初，没有食物的英格兰士兵坚持不下去了，因为他们都想回家收割庄稼。因此，这支强大的军队解散了，英格兰南部没有特别的防卫。军队解散当月，英格兰的两位对手都来了，挪威国王"无情者"哈拉尔与诺曼底公爵威廉分别率军前往英格兰，但挪威国王"无情者"哈拉尔抢先一步到达英格兰。事实上，在诺曼底公爵威廉渡海登陆前，哈罗德·戈德温森与挪威国王"无情者"哈拉尔之间的战争已经结束。

当时，无论是被托斯蒂格·戈德温森煽动还是自己的意愿，挪威国王"无情者"哈拉尔组建了一支十分强大的舰队。他乘船驶向英格兰，希望攻克并统治英格兰。但人们说挪威国王"无情者"哈拉尔及其朋友们做了奇怪的梦并看见异象。这些异象可以帮助军队驱邪。有人看到英格兰国王哈罗德·戈德温森向海岸进军，英格兰军队前面有一个女巫骑在一只狼身上。这个女巫用人的尸体喂狼，狼吃完一具尸体继续吃另一具。这些故事来自斯堪的纳维亚人的古老传说和歌谣，向我们展示了与英格兰人最后一次作战的是什么样的人。挪威国王"无情者"哈拉尔的故事是斯堪的纳维亚最伟大、最古老的传说，但英格兰编年史只证实这些故事中的一部分是真实的。虽然出现坏兆头，但挪威的强大舰队还是起航了。舰队到达挪威王国的伯爵领地设得兰群岛和奥克尼群岛时，设得兰群岛的伯爵和奥克尼群岛的伯爵保罗及埃尔林·索尔芬松率部加入挪威舰队。斯堪的纳维亚裔的冰岛君主、爱尔兰君主，以及苏格兰国王马尔科姆三世也加入挪威国王"无情者"哈拉尔的军队。最终，通过英格兰叛徒托斯蒂格·戈德温森的帮助，挪威国王"无情者"哈拉尔到达泰恩河。不知是否商议过，托斯蒂格·戈德温森带领自己的一批追随者与挪威国王"无情者"哈拉尔的舰队会合，并且向挪威国王"无情者"哈拉尔俯首称臣，同意继续与挪威国王"无情者"哈拉尔一起对抗英格兰国王哈罗德·戈德温森。托斯蒂格·戈德温森与挪威国王"无情者"哈拉尔率军沿着约克郡的海岸航行。当时，此地叫德伊勒。入侵者洗劫了克利夫兰，到达斯卡伯勒。他们没有遇到任何抵抗。其间，挪威军队的士兵将德伊勒烧毁。然后，挪威军队继续航行，霍尔德尼斯的民众与挪威军队作战，但无法抵抗挪威军队的进攻。挪威军队进入亨伯河河口。挪威军队到来前，诺森伯兰居民就逃跑了。挪威军队乘坐小船，沿着沃夫河到达塔德卡斯特。挪威舰队毫无阻碍地从乌兹河驶向约克，到达离约克九英里的里科尔，但里科尔离乌兹河很远。斯堪的纳维亚军队下船登岸，一些士兵留下来看守战船，挪威国王"无情者"哈拉尔和托斯蒂格·戈德温森率军向约克进发。

　　起初，统治亨伯河两岸的麦西亚伯爵埃德温和莫卡似乎没有心思保卫他们把守的东海岸，但真正的战争来临时，麦西亚伯爵埃德温和莫卡也不是懦夫。当时，麦西亚伯爵埃德温和莫卡在约克郡。当挪威军队临近时，麦西亚伯爵埃德温和莫卡带领麾下所有部队出发。1066年9月20日，在离约克两英里的富尔福德，他们与挪威国王"无情者"哈拉尔相遇。当时，战场形势发展迅速，我们必须记住这个星期的每一天。1066年9月20日，富尔福德战役打响。尽管比起里科尔，富尔福德离约克更近，但麦西亚伯爵埃德温和莫卡到达前，挪威国王"无情者"哈拉尔就已经到达富尔福德并选好了战场。富尔福德战役在山脊爆发，山脊一边是河，另一边是沟渠和沼泽。挪威军队右翼力量最弱。在挪威军队右翼，莫卡冲锋并紧逼挪威军队。但在挪威军队左翼，挪威国王"无情者"哈拉尔率军打败了面前的英格兰军队。被称为"兰德威斯特"的战旗就立在"无情者"哈拉尔身旁。此时，绝大部分英格兰士兵逃跑了。除了被刀剑刺死的英格兰士兵，不少英格兰士兵被扔进河里和沟里。麦西亚伯爵埃德温和莫卡及其残余部队前往约克避难。

　　在约克，英格兰军队只坚守了四天。1066年9月24日，英格兰军队与挪威军队达成协议。会议上，约克民众承认挪威国王"无情者"哈拉尔为自己的国王，诺森伯兰民众同意跟随挪威国王"无情者"哈拉尔攻打英格兰南部。于是，约克的人质被释放，约克郡的人质也被许诺获得释放。显然，这一切不是出自诺森伯兰民众的真实意愿。肯定有人指责麦西亚伯爵埃德温和莫卡不是出色的指挥官，在战斗中没坚守多长时间。此时，挪威军队进军德文特河上的斯坦福桥。斯坦福桥距约克东北约九英里，人质也被带到斯坦福桥。我们不清楚挪威国王"无情者"哈拉尔一行为什么要到离约克遥远的斯坦福桥。另外，斯坦福桥距离挪威军队在里科尔的船也很远。或许是因为奥德比附近有一座王室住宅，托斯蒂格·戈德温森或挪威国王"无情者"哈拉尔幻想胜利后立刻占

富尔福德战役

有这座王室住宅。不管怎样，在斯坦福桥，挪威大军安营扎寨。德文特河上有一座木桥，桥两边都是军队。

实际上，约克民众只需要再多等一天就可以不向挪威国王"无情者"哈拉尔俯首称臣，因为英格兰国王哈罗德·戈德温森正进军约克。1066年9月24日，约克民众投降当天，哈罗德·戈德温森已经到达约克郡。1066年9月25日早晨，哈罗德·戈德温森到达约克。当守卫英格兰南部海岸的舰队和军队解散时，哈罗德·戈德温森骑马来到伦敦，听说了挪威国王"无情者"哈拉尔进犯的消息。据说，当时，哈罗德·戈德温森有病在身，但竭力打起精神组织军队准备作战。有传闻说，夜里"忏悔者"爱德华出现在拉姆奇的埃塞尔西格修道院院长面前，吩咐他去见哈罗德·戈德温森，告诉哈罗德·戈德温森振作精神打败英格兰的对手。这个故事证明人们并没有将哈罗德·戈德温森看作做伪证者或篡位者，或者像诺曼人说的对前国王"忏悔者"爱德华不忠的人。哈

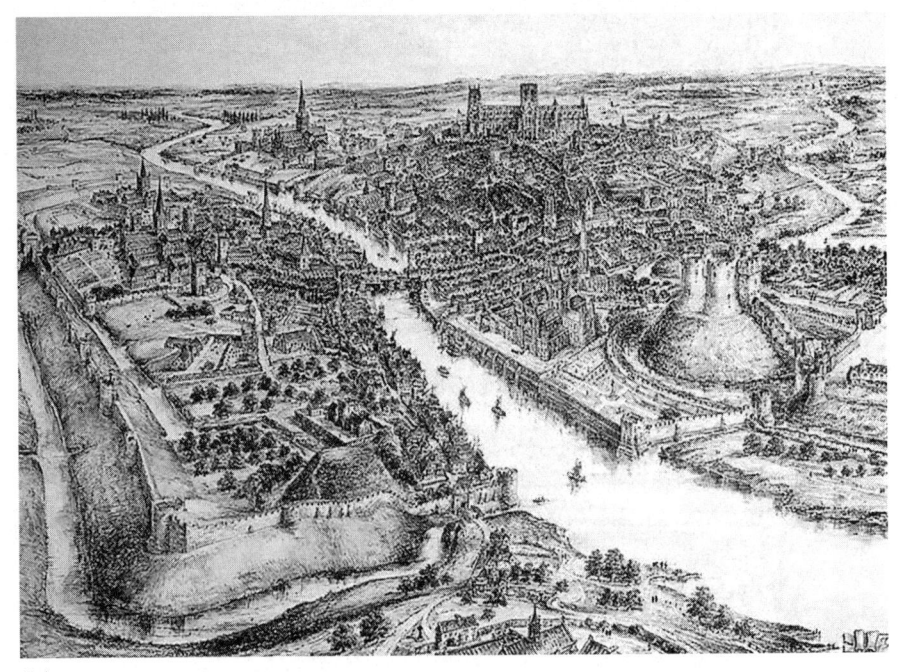

约克

教皇亚历山大二世

罗德·戈德温森受到罗马教皇亚历山大二世的谴责,但英格兰人也没有看不起哈罗德·戈德温森。因此,这则故事值得一讲。无论如何,哈罗德·戈德温森召集军队尽快向英格兰北方进军。离开伦敦时,哈罗德·戈德温森可能还不知道富尔福德战役,但他在行军路上会听到这场战役。这将促使哈罗德·戈德温森更快向英格兰北方行进。1066年9月29日,哈罗德·戈德温森率军到达塔德卡斯特,在沃夫河检阅了舰队。1066年9月30日早晨,哈罗德·戈德温森率军到达约克。约克城内的居民欢欣鼓舞地迎接哈罗德·戈德温森。很快,哈罗德·戈德温森穿过约克攻打挪威军队。约克和斯坦福桥之间的路可以使来自约克的军队靠近对手而不被对手发现。因此，英格兰国王哈罗德·戈德温森率领军队来临时，挪威国王"无情者"哈拉尔及其军队浑然不知。1066年9月30日，当年两场大战役中的第一场战役斯坦福桥战役打响了。

在挪威，很多著作大篇幅地讲述斯坦福桥战役，但这些著作的记述不可能是真的，而是多年后编造的，因为著作记述英格兰军队主要由骑兵和弓箭手组成，但当时，英格兰军队没有骑兵和弓箭手。后来，采用诺曼军队的作战方式时，英格兰军队才有骑兵和弓箭手。因此，挪威的著作一定是英格兰军队采用诺曼军队的作战方式后编写的。当时，英格兰军队徒步作战。战斗打响时，骑马到战场的士兵下马作战。全副武装的军队先投掷标枪，然后用大斧头，有时用剑作战。剑是更古老的武器，斧头是克努特大帝统治时期引入英格兰的。此外，英格兰军队使用的轻武器有标枪、投石器，以及任何他们能得到的武器。其中，弓箭是罕见的武器。虽然我们不能相信挪威人编写的故事，但从英格兰人编写的编年史中，可以得知一些状况。另外，还有部分信息是从亨廷登的拉丁文作家亨利处得知的。其中，一则故事是从一首英文歌谣翻译的。那首歌谣肯定是作战时写下的，因为斯坦福桥战役结束后几日，人们没有时间再编写与斯坦福桥战役有关的歌谣。当时，人们还有其他事要做。我们了解到，斯坦福桥战役从离约克最近的德文特河右侧爆发。在挪威军队没有注意的情况下，英格兰军队来到德文特河右侧。当时，挪威军队武装不到位，秩序混乱。很快，挪威军队溃不成军。此时，德文特河左侧，挪威国王"无情者"哈拉尔和托斯蒂格·戈德温森率领的军队有充足时间整装待发。另外，在斯坦福桥上，一名英勇的挪威士兵阻挡住了英格兰军队的进攻，用斧头杀死了四十名英格兰士兵。在英格兰军队，只有一位弓箭手向这名挪威士兵射箭，但这样做没有效果。最终，一名英格兰士兵钻到斯坦福桥下，从下面刺穿挪威士兵的甲胄。于是，英格兰军队通过斯坦福德桥，哈罗德·戈德温森和"无情者"哈拉尔的真正战斗打响。这场令人恐惧的战役持续了很长时间，英格兰军队和挪威军队都很英勇，并且两支军队各有一位伟大的首领指挥。另外，英格兰军

斯坦福桥战役中英勇的挪威士兵

队和挪威军队的作战方式大体相同。最终,英格兰军队大获全胜。在斯坦福桥战役中,挪威国王"无情者"哈拉尔和托斯蒂格·戈德温森阵亡,挪威大军被击溃。通过托斯蒂格·戈德温森身上的印记,人们认出他并将他埋在约克。1066年9月30日早晨从塔德卡斯特出发前往约克的英格兰国王哈罗德·戈德温森,当晚就率军从斯坦福桥返回约克,打败了威胁自己的两个对手中的一个。因此,约克郡的人质永远没有机会交给挪威国王"无情者"哈拉尔。

在斯坦福桥,挪威军队被击溃,但挪威舰队、挪威国王"无情者"哈拉尔

斯由福桥战役

挪威国王"无情者"哈拉尔被射中咽喉阵亡

的儿子奥拉夫和奥克尼伯爵埃尔林·索尔芬松停留在里科尔的乌兹河上。英格兰国王哈罗德·戈德温森愿与他们和平解决争端。奥拉夫与奥克尼伯爵埃尔林·索尔芬松前往约克郡交还人质,发誓与英格兰保持友好关系。几天后,在约克郡,英格兰人举办庆功宴。当哈罗德·戈德温森还在宴会上时,一名来自南方的信使快马加鞭赶来告诉哈罗德·戈德温森,他的第二个对手进犯英格兰。在萨塞克斯,诺曼底公爵威廉登陆英格兰,并且在萨塞克斯烧杀抢掠。实际上,斯坦福桥战役爆发三天后,即1066年9月28日,诺曼底公爵威廉已经登陆英格兰。现在,我们必须回去看看在英格兰国王哈罗德·戈德温森登基后,诺曼底公爵威廉做了些什么。

第7章
诺曼底公爵威廉入侵英格兰

精彩看点

诺曼底公爵威廉的要求——诺曼底公爵威廉提出的挑战——诺曼底公爵威廉的委员会——诺曼底公爵威廉的谈判——诺曼底公爵威廉的远航——哈罗德·戈德温森的进军——诺曼底公爵威廉的新消息——哈罗德·戈德温森的营地——最后的挑战

每位知道诺曼底公爵威廉和英格兰国王哈罗德·戈德温森之间事情的人都应该明白,"忏悔者"爱德华一旦驾崩,诺曼底公爵威廉就会要求继承英格兰王位。无论哈罗德·戈德温森是否向诺曼底公爵威廉发过誓,诺曼底公爵威廉肯定会要求获得英格兰王位。既然哈罗德·戈德温森向诺曼底公爵威廉发誓,那么无论发誓的内容是什么,诺曼底公爵威廉肯定比以前更咄咄逼人,更希望得到英格兰王位。因此,我们有必要停下来想一想诺曼底公爵威廉要求的到底是什么。事实上,诺曼底公爵威廉并没有提出任何要求,但他巧妙地将几件事联系起来,并且使每件事看起来像是某种要求。诺曼底公爵威廉用一种说法说服一群人,又用另一种说法说服另一群人,并且让大部分英格兰人相信他才是英格兰王位的合法继承人,哈罗德·戈德温森的错误行为使其无法成为英格兰王位继承人。诺曼底公爵威廉对继承英格兰王位的每一种说辞都能从容应答,并且都有可能说服他人。因此,他的说辞听起来很有说服力。英格兰民众有权选择自己的国王,但他们没有选择诺曼底公爵威廉。从王室中选一个人当国王确实是很平常的行为,但哈罗德·戈德温森不是英格兰王室成员,诺曼底公爵威廉更不是英格兰王室成员。但诺曼底公爵威廉说自己是"忏悔者"爱德华的亲属,理应继承"忏悔者"爱德华的王位。毫无疑问,当时,一些抛弃君主选举制的地方开始通过世袭的方式解决君主继承问题,但在这些地方，世袭继承君主之位的规则还没有完全确定。因此，诺曼底公爵威廉对英格兰王位的要求的确会对人们的思想产生影响。实际上，诺曼底公爵威廉没有英格兰王位继承权。由于"忏悔者"爱德华的母亲是诺曼底的埃玛，诺曼底公爵威廉的确是"忏悔者"爱德华的亲属，但诺曼底公爵威廉不是古老的英格兰王室家族的成员。事实上，在选择王位继承人时，拥有英格兰王室家族的身份才能使诺曼底公爵威廉比其他继承人更有优势继承英格兰王位。另外，当时，英格兰还有年幼的王储"显贵者"埃德加。从血缘关系方面讲，与诺曼底公爵威廉相比，"显贵者"埃德加出自古老的英格兰王室家族，与英格兰王室的关系更亲密。值得注意的是，英格兰世袭制建立一百年后，人们经常会说哈罗德·戈德温森或诺曼底公爵威廉有愧于"显贵者"埃德加，但11世纪时，没有人这么想。根据现代王位继承法的规定，"忏悔者"爱德华有愧于"显贵者"埃德加，因为哥哥的孙子比弟弟更有权继承王位。但十分肯定的是，当时，人们没想到这一点。诺曼底公爵威廉说"忏悔者"爱德华将英格兰王位留给自己，因为"忏悔者"爱德华曾向诺曼底公爵许诺。但英格兰国王不能将自己的王位留给任何人，他最多只能向贤人会议推荐某人，但"忏悔者"爱德华推荐的是哈罗德·戈德温森。总之，无论根据出身、遗赠还是选举，诺曼底公爵威廉都无权继承英格兰王位。但他很容易说得自己好像有权继承英格兰王位似的。然后，他将其他事讲出来。虽然这些事与继承英格兰王位毫无关系，但一切都帮助诺曼底公爵威廉演好这出戏。哈罗德·戈德温森背弃自己的誓言，罔顾向诺曼圣贤尸骨发的誓。这或许是哈罗德·戈德温森个人的罪过，与英格兰人没有关系。但对英格兰人，诺曼底公爵威廉也有一套说辞。英格兰人以哈罗德·戈德温森的父亲威塞克斯伯爵戈德温为首谋害了诺曼底公爵威廉的表亲"显贵者"阿尔弗雷德王子。哈罗德·戈德温森等人驱逐了许多诺曼人，包括原坎特伯雷大主教罗贝尔，并且扶持一名分裂教会的大主教代替罗贝尔。诺曼底公爵威廉认为英格兰人是一群不虔诚的人，不尊敬教皇。诺曼底公爵威廉要教英格兰人怎样更好地尊敬教皇。如果诺曼底公爵威廉的一切说辞都不起作用，那么他将承诺为帮助他征服英格兰的英格兰本地人分封土地,并且赐予他们爵位。简而言之,诺曼底公爵威廉愿意向所有人展示自己的一切,一会儿像虔诚的传教士,一会儿又像纯粹的强盗。但请注意,诺曼底公爵威廉想向别人证实自己是正确的。这种做法证明人们已经摆脱纯粹暴力的时代。以前,英格兰人进入不列颠,丹麦人进入英格兰,斯堪的纳维亚人定居诺曼底时,没有像诺曼底公爵威廉那样提出诸多看似合理的理由。

在诺曼底,诺曼底公爵威廉的说辞听起来很合理,但英格兰人不以为然。不过,诺曼底公爵威廉不是为了让英格兰人听从自己的说辞。听说"忏悔者"爱德华驾崩,哈罗德·戈德温森被选为英格兰国王并加冕的消息后不久,诺曼底公爵威廉派信使向英格兰新国王哈罗德·戈德温森提出挑战。由于不知道提出挑战的确切日期,我们无法确定这次挑战是在哈罗德·戈德温森前往诺森伯兰前还是前往诺森伯兰后,但无论如何,诺曼底公爵威廉是在哈罗德·戈德温森统治早期提出挑战的。我们无从得知诺曼底公爵威廉向哈罗德·戈德温森发出挑战的确切内容,但诺曼底公爵威廉肯定要求哈罗德·戈德温森履行其誓言。实际上,关于哈罗德·戈德温森发誓,世上流传很多说法。因此,诺曼底公爵威廉要求哈罗德·戈德温森做什么的说法更多:让哈罗德·戈德温森放弃英格兰王位?让哈罗德·戈德温森将诺曼底公爵威廉当作自己的领主?让哈罗德·戈德温森成为诺曼底公爵威廉手下的一位伯爵统治一半英格兰王国?让哈罗德·戈德温森娶诺曼底公爵威廉的女儿为妻?无论如何,娶诺曼底公爵威廉的女儿为妻是哈罗德·戈德温森在许多场合答应的。如果这是在哈罗德·戈德温森娶埃尔德盖斯后的要求,那么娶诺曼底公爵威廉的女儿为妻就是对诺曼底公爵威廉的一种戏弄。实际上,诺曼底公爵威廉对哈罗德·戈德温森提出挑战的消息传开了,但诺曼底公爵威廉不指望在提出挑战后,哈罗德·戈德温森会做什么。诺曼底公爵威廉只是想表明自己给了哈罗德·戈德温森足够的机会,并且更进一步证明自己是对的而哈罗德·戈德温森是错的。不用说,不管诺曼底公爵威廉要求什么,哈罗德·戈德温森肯定会拒绝。关于诺曼底公爵威廉的挑衅是什么，世上流传着很多说法。因此，哈罗德·戈德温森回答的内容也有多种说法。有些说法是要求哈罗德·戈德温森回复所有的要求。哈罗德·戈德温森说自己的誓言毫无约束力，因为他的誓言不是出自他的自由意愿。哈罗德·戈德温森不会放弃英格兰王国，也不会臣服在诺曼底公爵威廉之下，因为他的王位是英格兰民众授予的。因此，除了英格兰民众，没有人能夺走哈罗德·戈德温森的王位。对娶诺曼底公爵威廉的女儿一事，一种说法认为哈罗德·戈德温森承诺娶的诺曼底公爵威廉的女儿已经去世了；另一种说法是没有征得贤人会议的同意，英格兰国王不能娶外邦女子为妻。哈罗德·戈德温森并不是被迫说自己已经结婚，因为诺曼底公爵威廉发出挑战是在哈罗德·戈德温森娶了埃尔德盖斯后传来的。在诺曼人看来，这种情形可能只会让事情变得更糟。

如果诺曼底公爵威廉想夺得英格兰王位，那么别无他法，只能通过武力获得。此时，诺曼底公爵威廉的首要任务是在自己的领地寻求帮助。首先，诺曼底公爵威廉召集自己最亲密的朋友和家属。他最亲密的朋友和家属承诺帮助他，但不能保证其他人会帮忙。其次，在诺曼底的利勒博讷，诺曼底公爵威廉召集所有贵族组成一个更大的委员会。当时，诺曼底公爵威廉遭到强烈的反对。很多人说自己没有义务跟随诺曼底公爵威廉前往海外征战，有人说海外征战是太鲁莽的行为，诺曼底公国没有能力征服英格兰。这次集会没有形成任何决议。随后，诺曼底公爵威廉一个接一个说服自己手下的男爵，直到所有贵族都承诺在海外征战时，向诺曼底公爵威廉提供一定数量的船和士兵。诺曼底公爵威廉计划征服英格兰的消息传到国外，诺曼人开始认真备战并对此充满热情。诺曼底公爵威廉需要组建一支舰队。于是，诺曼人大量伐树造船。整个1066年夏，诺曼底的海港忙着造船。1066年8月，舰队准备就绪。诺曼底的贵族们以船作为礼物赠给诺曼底公爵威廉。与此同时，大量船员从诺曼底和其他地方聚集而来。

此时，诺曼底公爵威廉是幸运的，哈罗德·戈德温森是不幸的。当时，两位对手同时进攻哈罗德·戈德温森，但哈罗德·戈德温森无法同时应付两位对手。如果几年前，诺曼底公爵威廉率军征服英格兰，那么他的领地会同时受到几位对手的威胁。但此时，诺曼底公爵威廉不怕任何对手，因为他所有宿敌，如法兰西国王亨利一世、阿基坦公爵威廉七世和安茹伯爵若弗鲁瓦二世都已经离世。在前文，我们看到，为提防诺曼底公爵威廉对英格兰的任何企图，哈罗德·戈德温森曾想过与这几位君主结盟，但此时，哈罗德·戈德温森没有机会与欧洲其他君主结盟。当时，年幼的法兰西国王腓力一世由诺曼底公爵威廉的岳父佛兰德斯伯爵鲍德温四世监护，安茹爆发内战。唯一对诺曼底公国构成威胁的是布列塔尼的科南伯爵，但此时，在安茹内战中，布列塔尼的科南伯爵阵亡。一则故事说诺曼底公爵威廉设法在布列塔尼的科南伯爵使用的缰绳、手套和猎角上涂抹毒药。奇怪的是只有一位诺曼作家提到这件事。对此，布列塔尼人只字未提。毒害别人不像是诺曼底公爵威廉的做法。可以肯定的是，除了诺曼底公爵威廉的臣民，没有哪里的民众像布列塔尼人那样效忠并追随诺曼底公爵威廉。诺曼底公爵威廉派使节拜见法兰西国王腓力一世。甚至有人说诺曼底公爵威廉主动提出统治英格兰。无论如何，对征服英格兰，法兰西方面不存在任何异议。诺曼底公爵威廉派人拜见年轻的德意志国王亨利——神圣罗马帝国皇帝亨利三世的儿子神圣罗马帝国皇帝亨利四世。当时，亨利三世刚刚驾崩，英格兰不仅失去对手的对手，更失去了一位朋友。实际上，这些君主没有为诺曼底公爵威廉提供任何帮助，但向他提供了所有他想要的，即不做不利于诺曼底公爵威廉的事，不阻止上述君主的臣民加入诺曼底公爵威廉的军队。诺曼底公爵威廉与教皇亚历山大二世的谈判算得上成功的谈判。诺曼底公爵威廉竭力让教皇亚历山大二世知道哈罗德·戈德温森既是一位做伪证者，又是一位冒犯圣人的罪人，一位教皇亚历山大二世应该惩罚的人。另外，诺曼底公爵威廉证明征服英格兰将十分有利于罗马教廷。诺曼底公爵威廉认为英格兰应该更好地执行各项宗教律令，按时向罗马教廷支付奉金。此外，如果教皇获得英格兰王位评判权，那么罗马教廷将见证教皇获得巨大的权威。一些枢机主教认为教会不应卷入流血事件，也不应放任基督教徒相互残杀。但正直人士的观点被否决。这些观点主要被教皇亚历山大二世的首席执事，后来成为教皇格列高利七世的希尔德布兰德打压。最终，教皇亚历山大二世假装没有听到英格兰方面的任何声音，裁定哈罗德·戈德温森是做伪证者，诺曼底公爵威廉讨伐哈罗德·戈德温森是正义的行为。教皇亚历山大二世送给诺曼底公爵威廉一面圣旗，以及一枚带有圣彼得头发的戒指。于是，诺曼底公爵威廉能进攻

圣彼得

英格兰，推翻英格兰国王哈罗德·戈德温森的统治，夺走英格兰人的自由。因此，诺曼底公爵威廉征服英格兰好像向信仰方面的对手发动圣战。

1066年8月，诺曼底公国征服英格兰万事俱备。此时，战船已经造好，船员已经配备好，诺曼底公爵威廉的军队已经做好渡海登陆英格兰的准备。诺曼底公爵威廉军队的集合地点在蒂乌河河口。对诺曼底公爵威廉手下的战船和士兵的数量，人们说法不一，但当时，诺曼诗人韦斯的父亲在场。韦斯说，当时，诺曼底公国拥有战船六百九十六艘。这些战船是用来运输的大船，船上只有桅杆和船帆。在蒂乌河河口，诺曼底公爵威廉的军队集结并待了一个月。这支军队等待南风将自己带到英格兰。如果当时立即刮起南风，那么英格兰就会得益，因为1066年8月时，哈罗德·戈德温森及其军队已经准备好迎战诺曼底军队。但事实是，直到英格兰的第一支军队解散，哈罗德·戈德温森忙于英格兰北方的战事时，诺曼军队才来到英格兰。最终，虽然没有刮南风，但刮起西风。诺曼底公爵威廉的舰队被吹到属于蓬蒂厄伯爵居伊二世的领地索姆河畔圣瓦莱里。与蒂乌河河口相比，此时，诺曼底公爵威廉的军队离英格兰更近，直到斯坦福桥战役后两天，即1066年9月27日，诺曼底公爵威廉的军队才渡过英吉利海峡。当天，南风刮起。最终，夜间，诺曼底公爵威廉的舰队渡过英吉利海峡。舰队最前面是诺曼底公爵威廉所在的"莫拉"号。船的桅杆挂着一盏巨大的灯笼指引舰队前进的方向。"莫拉"号是佛兰德斯的玛蒂尔达送给诺曼底公爵威廉的礼物。1066年9月28日晨，诺曼底公爵威廉率军到达萨塞克斯郡的佩文希，并且在罗马统治时期建造的城市安德利达的城墙下登陆。自从六百年前遭到南撒克逊人的猛攻后，安德利达一直被遗弃，并且完全没有实力阻挡诺曼底公爵威廉的军队。因此，在安德利达，诺曼底公爵威廉毫无阻挡地登陆。有故事说，登陆时，诺曼底公爵威廉脚下一滑摔倒了。起身时，诺曼底公爵威廉的手上沾满英格兰的泥土。于是，他转身向自己手下的官兵说，自己已经拥有英格兰王国，因为英格兰的土地在他手中。不管怎样，在佩文希，诺曼底公爵威廉首次占领了英格兰王国的领土并在当地留下一支军队。然后，1066年9月29日，诺曼

诺曼底舰队起航

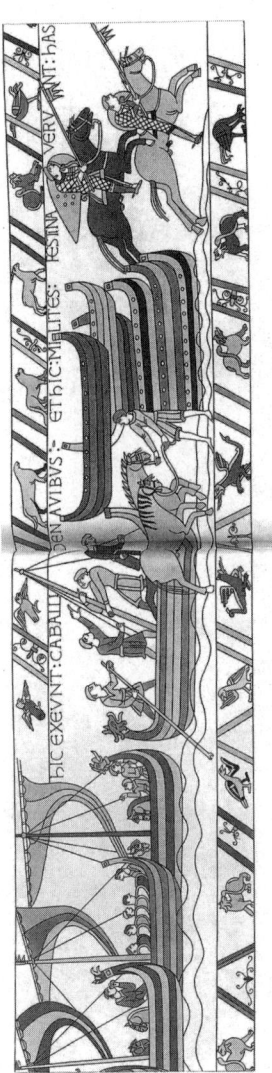

贝叶挂毯：描绘了诺曼底军队横渡英吉利海峡登陆英格兰的场景

底公爵威廉的军队向黑斯廷斯进军。这支军队的士兵堆起土堆，并且建造一座木制城堡为指挥部。为让哈罗德·戈德温森能早日迎战，诺曼底公爵威廉以黑斯廷斯为中心，向四面八方进攻。

正如我们已经讲到的，诺曼底公爵威廉登陆的消息以最快的速度传到正在约克的哈罗德·戈德温森处。哈罗德·戈德温森也以最快的速度带领侍卫

哈罗德·戈德温森收到诺曼底公爵威廉登陆的消息

行军中的诺曼底军队

和英格兰北方诸郡准备就绪的军队向南朝伦敦进发。哈罗德·戈德温森命令麦西亚伯爵埃德温和莫卡迅速带领其领地上的部队跟随自己。与此同时,哈罗德·戈德温森还派人调遣自己在威塞克斯的军队,命令弟弟盖斯·戈德温森和利奥弗温·戈德温森分别带领其领地上的部队在伦敦集合。于是,英格兰南部和英格兰东部的士兵都奉哈罗德·戈德温森的命令而来,但英格兰北方诸郡的主力部队一直没有出现。实际上,麦西亚伯爵埃德温和莫卡在后方逗留。他们很可能对抗哈罗德·戈德温森或诺曼底公爵威廉,以保住自己的领地。在斯坦福桥战役中,哈罗德·戈德温森拯救了许多人,但在第二次战役中,被救的人们向哈罗德·戈德温森提供的帮助微乎其微。各支部队不断到来时,哈罗德·戈德温森走进他在沃尔瑟姆建造的教堂内祈祷。人们说,哈罗德·戈德温森在教堂时,教堂内出现一些神迹。当时,圣十字架上的雕像低下头,好像在说:"一切都结束了。"沃尔瑟姆修道院教堂的教士们担心这座教堂的创建者哈罗德·戈德温森受到伤害。于是，两位教士跟随哈罗德·戈德温森的军队来到战场，想看看战斗的结局到底如何。

此时，除了没有前来的各郡的部队，英格兰军队都已经准备好，并且向萨塞克斯前进。此时，诺曼底公爵威廉的另一位信使来到伦敦拜见哈罗德·戈德温森。这位信使是靠近诺曼底海岸的费康的一座大修道院的修士。他来到哈罗德·戈德温森的宝座前，要求哈罗德·戈德温森从宝座上下来，接受法律的审判，因为"忏悔者"爱德华曾经许诺将英格兰王位赠给诺曼底公爵威廉，哈罗德·戈德温森应该是诺曼底公爵威廉的臣民。诺曼作家说哈罗德·戈德温森回答说他对诺曼底公爵威廉发的誓并非出于本意。因此，这个誓言没有任何约束力。后来，"忏悔者"爱德华向贤人会议推荐了自己做英格兰国王。因此，"忏悔者"爱德华对诺曼底公爵威廉的任何遗赠都是无效的。哈罗德·戈德温森的回答并没有触及问题的根本，但足以回复诺曼底公爵威廉的请求。然后，信使带回哈罗德·戈德温森的回复：如果诺曼底公爵威廉和平撤军，那么哈罗德·戈德温森愿与诺曼底公爵威廉保持友谊并献上丰厚的礼物。如果诺曼底公爵威廉决心一战，那么1066年10月14日，哈罗德·戈德温森会与诺曼底公爵威廉在战场会面。哈罗德·戈德温森的弟弟盖斯·戈德温森提出一个明智而残酷的建议，既然哈罗德·戈德温森曾向诺曼底公爵威廉宣誓，那么他们不宜在战场会面。盖斯·戈德温森将带领整装的英格兰军队对抗诺曼底公爵威廉的军队。哈罗德·戈德温森将等待新的部队到来，然后将伦敦和大海之间的地方夷为平地。这样，即使在战役中，诺曼人打败了盖斯·戈德温森的军队，但由于没有食物可吃，诺曼底公爵威廉会被赶走。但哈罗德·戈德温森说自己绝不会畏缩在后方而让盖斯·戈德温森和英格兰普通民众作战，也不会烧毁或损毁任何一片自己的领地。因此，1066年10月13日，哈罗德·戈德温森率军从伦敦出发，到达森拉克山丘。森拉克山丘离诺曼底公爵威廉的驻地黑斯廷斯七英里。在森拉克山丘，哈罗德·戈德温森准备率军迎战诺曼人。

如前所述，英格兰民族是勇敢的民族。英格兰人能投标枪，能手持斧头与对手作战，并且已经习惯徒步作战。但英格兰军队没有骑兵，只有少量弓箭手。相反，诺曼人是当时欧洲最好的骑手和弓箭手。因此，哈罗德·戈德温森的策略是不主动出击，而是等诺曼军队先出击。这一战略使诺曼骑兵没有用武之地，因为骑兵只适合在开阔的平原作战。因此，哈罗德·戈德温森将营地设在一座山丘上，英格兰军队被栅栏围起。这座山丘比其他山丘高，并且山脊两侧有些地方很陡峭。在山丘不太陡峭的南面，英格兰军队的士兵挖了沟渠。黑斯廷斯和森拉克之间树木繁茂，一片荒凉，地面起伏不平。这座山丘脚下是一片沼泽地。因此，诺曼士兵到达山丘下并爬上山丘需要费很大的力气。即使诺曼士兵到达山顶，在山上，英格兰士兵已经准备好砍杀诺曼士兵。实际上，哈罗德·戈德温森选择这一战场是十分明智的，因为他很了解萨塞克斯的地形。

哈罗德·戈德温森和诺曼底公爵威廉派间谍打探对方的情况。据说，一位英格兰间谍回来说诺曼军队营地内神职人员比士兵人数多。当时，诺曼人和英格兰人都留胡子，但如同神职人员一样，诺曼士兵刮光了胡子，但英格兰士兵嘴唇上留着胡子。因此，英格兰间谍将刮了胡子的诺曼士兵误认为神职人员。哈罗德·戈德温森笑着说，希望见到勇敢能战的神职人员。另有一种说法是哈罗德·戈德温森和盖斯·戈德温森骑马侦察诺曼军队的营地，然后毫发无损地回来。据说，哈罗德·戈德温森在森拉克山丘扎营后，诺曼底公爵威廉向哈罗德·戈德温森发出最后通牒。哈罗德·戈德温森会遵照自己的誓言将英格兰王国让给诺曼底公爵威廉吗？哈罗德·戈德温森和盖斯·戈德温森会作为诺曼底公爵威廉的臣民统治英格兰王国吗？哈罗德·戈德温森如果拒绝了这两项提议，那么会与诺曼底公爵威廉单打独斗吗？这样，英格兰王位将归胜利者，哈罗德·戈德温森和诺曼底公爵威廉的军队不必流血。但哈罗德·戈德温森拒绝了所有提议，因为如果接受包括单打独斗的提议，那么意味着哈罗德·戈德温森承认这场战争是自己与诺曼底公爵威廉的个人恩怨，而不是英格兰民众与非法入侵者诺曼底公爵威廉的恩怨。显然，哈罗德·戈德温森不能将英格兰王位押在一场单打独斗上。如果诺曼底公爵威廉杀死哈罗德·戈德温森，那么诺曼底公爵威廉将没有权力获得英格兰王位，因为英格兰王位是英格兰民众赋予的。如果哈罗德·戈德温森杀死诺曼底公爵威廉，那么诺曼军队不太可能和平撤离英格兰，并且会爆发一场恶战。因此，哈罗德·戈德温森拒绝将英格兰的命运押在自己身上是绝对正确的选择。我们应该记住这些故事都来自诺曼作家的著作。在英格兰的编年史中，这些故事很简短。可以十分肯定的是，这些故事中，有一部分内容是真实的，并且诺曼底公爵威廉向哈罗德·戈德温森发出挑战之事很可能发生。无论如何，诺曼军队与英格兰军队中的每一个人都心知肚明，1066年10月14日的伟大战斗将决定英格兰王位的归属和英格兰的自由。

第8章
伟大的决战

精彩看点

决战的权威信息——诺曼军队进军——英格兰军队的队列——森拉克战役爆发——诺曼军队的第二次进攻——伴装逃跑——森拉克战役结束——哈罗德·戈德温森的葬礼——森拉克战役的影响

讲述构成整个诺曼征服英格兰核心的森拉克战役前，我们最好停下来想一想森拉克战役的根源。关于森拉克战役，英格兰的编年史很少提到，因为英格兰国王哈罗德·戈德温森和英格兰军队战败是英格兰人不愿提到的而诺曼作家记录了森拉克战役的大部分详细信息。其中，四个信息来源十分重要：第一个信息来源是普瓦捷首席执事威廉写的拉丁散文。当时，他在诺曼军队中。第二个信息来源是森拉克战役爆发后不久，亚眠主教居伊写的拉丁文诗歌。在自己的著作中，普瓦捷首席执事威廉和亚眠主教居伊对诺曼底公爵威廉阿谀奉承。但从他们的作品中，我们仍然可以得到不少信息。第三个信息来源是韦斯的著作。韦斯是一位诚实的作家，巴约的教士，但他生活的时代离诺曼征服英格兰时间有点远。韦斯的父亲曾经与诺曼底公爵威廉一起跨过英吉利海峡。因此，韦斯的父亲很可能参加了诺曼征服英格兰的行动。韦斯使用法语撰写《诺曼底公爵史》。在《诺曼底公爵史》中，韦斯详细介绍了森拉克战役。韦斯煞费苦心寻找关于森拉克战役的一切信息，包括诺曼军队中参加这场战役的每个人。不过，第四个信息来源是最珍贵、最著名的刺绣品贝叶挂毯。这张挂毯展现了从诺曼底公爵威廉航行前往英格兰到征服结束的整个诺曼征服英格兰的历史。贝叶挂毯摆放在巴约的教堂内，是诺曼征服英格兰结束后不久，应巴约的奥多的要求制成的。上述是主要的权威信息来源。从中，我们不难了解诺曼征服英格兰的过程。从各种各样的资料中，我们偶然得到一些片段信息，如森拉克战役中英格兰军队参战人员的名字。但森拉克战役的大部分资料来自《末日审判书》的记录。我们即将谈到《末日审判书》。

　　诺曼作家记录在森拉克战役前夜，即1066年10月13日晚，诺曼军队在祈祷和忏悔中度过，而英格兰军队在饮酒和歌唱中度过。如果英格兰士兵唱古老的战歌，那么我们不会将英格兰士兵想得那么糟糕。不过，获胜一方的作家诋毁战败一方军队这种事很普遍。无论如何，英格兰军队和诺曼军队为1066年10月14日早晨的战斗做好了充分的准备。从黑斯廷斯，诺曼军队向森拉克对面的特尔哈姆高地进军，诺曼军队的骑士们骑上战马，套上挽具，做好了战斗准备。诺曼底公爵威廉的铠甲不知怎么套错了方向，但他机智地说这是一个好兆头，即公爵将变成国王。然后，诺曼底公爵威廉骑上战马。密探告诉诺曼底公爵威廉英格兰国王哈罗德·戈德温森哨所的所在地，即哈罗德·戈德温森军旗的所

森拉克战场上的诺曼军队

阿朗·鲁弗斯

在地。诺曼底公爵威廉发誓说自己如果在当天的战斗中获胜，那么将在图尔的圣马丁修建一座大教堂。然后，诺曼军队兵分三路，诺曼军队的左翼是阿朗·鲁弗斯指挥的布列塔尼人、普瓦特万人和曼塞尔人。诺曼军队左翼有一个来自韦德或诺福克的叛徒拉尔夫。拉尔夫似乎曾被"忏悔者"爱德华或哈罗德·戈德温森放逐，因为他母亲是布列塔尼人。此时，拉尔夫回到他母亲族人的军队中。诺曼军队右翼指挥官是诺曼底最著名的一位贵族罗杰·德·蒙哥马利。他指挥法兰西军队和各地的雇佣军。诺曼军队中间是诺曼人。从罗马拿到的圣旗就在诺曼军队中间，由科镇的骑士图斯坦执旗。图斯坦旁边是诺曼底公爵威廉

第 8 章 伟大的决战 | 145

及其同母异父的弟弟巴约的奥多和莫尔坦伯爵罗贝尔。诺曼底公爵威廉脖子上挂着哈罗德·戈德温森宣誓时用的圣人遗物。诺曼军队的三路人马中各有三种军队：前列是弓箭手和其他轻装步兵，他们的任务是用弓箭和其他投掷物扰乱英格兰军队的秩序；接着是全副武装的步兵，他们的任务是拆毁栅栏；最后一排是骑兵。弓箭手没有任何防御性盔甲，骑兵和步兵身穿铠甲，头戴钢盔。骑士们手持风筝形的盾牌、长矛和近身作战用的长剑。诺曼底公爵威廉和巴约的奥多拿着狼牙棒而不是剑——狼牙棒是一种十分可怕的致命武器。据说，巴约的奥多拿着狼牙棒，是因为教会的教规禁止神职人员杀戮。当时，诺曼军队要穿过特尔哈姆和森拉克山之间起伏不平的沼泽地。

与此同时，为保卫要塞不受诺曼军队攻击，在山上，哈罗德·戈德温森集结了自己的军队。英格兰军队的士兵都是步兵，有马的士兵只是用马将他们驮到战场。作战时，这些士兵再从马上下来。因此，从贝叶挂毯中，我们看到哈罗德·戈德温森骑着马在军队周围指挥和鼓励士兵。然后，哈罗德·戈德温森下马步行作战。英格兰军队由完全不同的两类士兵构成。一类士兵是哈罗德·戈德温森的随从、侍卫和大乡绅，以及一些精兵。其中，来自伦敦的士兵自称是哈罗德·戈德温森的特别卫队；来自肯特的士兵自称要在战斗时率先出击，因为他们的盔甲和诺曼军队的盔甲差不多。战斗开始后，首先，肯特地区的士兵投掷标枪。对近身攻击，肯特士兵使用古老的英格兰武器——剑，或者使用更常见的克努特大帝统治时期引进的丹麦大斧头。使用这种武器时，士兵双手持斧。丹麦大斧头是杀伤力很强的武器，但打击对手时，这种大斧头使持斧人暴露在对手面前。持斧人紧密排列在一起，但留有足够的空间挥舞自己手中的斧。前几排的士兵除了保护栅栏，还有一个任务是用盾牌组成盾墙，形成内部防御体系。诺曼作家被英格兰军队密集的阵形震撼。他们发现英格兰军队站得如同森林中的树一样笔直。另一类士兵是离战场不远地区的雇佣军，雇佣军们也配备武器，但很少配备弓箭。在英格兰军队中，装备较差的部队安排在右侧，处在最不容易暴露的地方。哈罗德·戈德温森和他挑选的军队将直面诺曼底公爵威廉的军队。哈罗德·戈德温森站在两面军旗中间。军旗印有威塞克斯的龙,旗上有一名金色刺绣的战士。哈罗德·戈德温森旁边是弟弟盖斯·戈德温森和利奥弗温·戈德温森,以及其他亲属,包括叔叔、带着十二名僧侣参战的温切斯特的新教堂院长埃尔夫威格,以及彼得伯勒修道院院长利奥弗里克。然而,我们没有听说任何大主教前来参战。另外,我们不确定诺森伯兰伯爵瓦尔塞奥夫是否参战,但可以肯定,麦西亚伯爵埃德温和莫卡没有参战。

1066年10月14日9时,诺曼军队到达森拉克山,森拉克战役爆发。但战役爆发前,诺曼军队中有位叫塔耶费的杂耍者或艺人,也被称为铁刀,向诺曼底公爵威廉请求第一个出击。塔耶费骑马出发,嘴里还唱着《查理大帝之歌》。法

塔耶费第一个出击

兰西人将查理大帝叫查理曼，或者罗兰的查理大帝。塔耶费将剑抛向空中又接住，砍倒两名英格兰士兵。然后，塔耶费也被砍倒。虚张声势后，真正的战斗打响。首先，诺曼军队的三支部队射箭。其次，全副武装的诺曼士兵向英格兰军队的阵地逼近，希望爬上山丘拆毁栅栏。但当诺曼军队逼近时，英格兰军队朝诺曼军队投掷标枪。当距离足够近时，英格兰军队用斧头将诺曼士兵砍下去。诺曼士兵高呼："祈求上帝援助我们。"英格兰士兵高呼"全能的上帝"及哈罗

塔耶费将剑抛向空中又接住

德·戈德温森的战争口号"圣十字架",即沃尔瑟姆的圣十字架。诺曼底公爵威廉全副武装的步兵向前逼近,诺曼士兵必须要在战场中间面对哈罗德·戈德温森的精兵。实际上,诺曼士兵的攻击是徒劳的。诺曼军队被击退,无法拆毁栅栏。然后,诺曼底公爵威廉带领骑兵爬山,但他们的努力也是徒劳的,因为英格兰军队牢牢守住自己的阵地,诺曼军队不得不撤退。当时,诺曼军队左翼的布列塔尼军队已经转身逃跑了。然而,装备不良、不守纪律的英格兰士兵经不住诱惑,从山上下来,追赶布列塔尼军队。此时,整个诺曼军队开始动摇,很多士兵都撤退了,甚至传开了诺曼底公爵威廉被杀的消息,但在巴约的奥多的帮助下,诺曼底公爵威廉用自己的话、表情让诺曼士兵看到自己,用敲击声让士兵听到自己,并且鼓励诺曼士兵重新投入战斗。于是,逃走的布列塔尼士兵重获信心。他们回头将追赶自己的英格兰士兵杀死。实际上,直到此时,英格兰士兵的抵抗是完全成功的,只要他们服从哈罗德·戈德温森的命令守在防御工事内。然而,下山追逐诺曼军队的士兵大大削弱了整个英格兰军队的防线,并且为诺曼士兵开辟了一条获胜之路。

接下来是森拉克战役中最激烈的时刻。诺曼底公爵威廉及其侍卫试图打破英格兰军队的防线。哈罗德·戈德温森正与弟弟盖斯·戈德温森和利奥弗温·戈德温森站在军旗下。此时,诺曼底公爵威廉和哈罗德·戈德温森几乎面对面相遇了。当时,盖斯·戈德温森投出长矛,但长矛没有击中诺曼底公爵威廉,只击中他的马。诺曼底公爵威廉顺势从马上摔落。然后,诺曼底公爵威廉徒步走向英格兰军队,杀死了盖斯·戈德温森。与此同时,哈罗德·戈德温森的另一位弟弟利奥弗温·戈德温森被杀。诺曼底公爵威廉骑上另一匹马继续进发,但被堡垒和盾墙阻挡。诺曼军队右翼部队的进攻更顺利,这支部队已经拆毁部分栅栏。不过,英格兰军队用盾牌和斧头仍然死守阵地。诺曼军队无法到达山顶,也无法接近战旗。

战斗已经持续数小时,诺曼底公爵威廉发现除非改变策略,否则不可能战胜英格兰军队。与此同时,英格兰军队损失惨重,盖斯·戈德温森和利奥弗

诺曼军队发起冲锋

诺曼底公爵威廉指挥军队作战

温·戈德温森被杀，英格兰军队的部分防御工事被毁。但整个英格兰军队仍然牢牢防守自己的阵地。然后，诺曼底公爵威廉采取了一个十分危险的策略。因为直接进攻几乎使他看不到任何获胜的希望，所以唯一获胜的方法是引诱英格兰军队下山。当时，一些英格兰士兵已经下山。于是，诺曼底公爵威廉命令诺曼士兵佯装逃跑，诺曼士兵听从命令，整支诺曼军队看起来都逃跑了。不守纪律的英格兰右翼雇佣军再次破坏防线跑下山，并且将上山的路轻易留给诺曼军队。此时，诺曼军队向追击自己的英格兰士兵发起进攻并击退大多数英格兰士兵。因此，诺曼军队能骑马上山，因为山上已经没有防御的英格兰士兵，当时大概是1066年10月14日15时。就这样，英格兰军队失去优势，只能徒步用盾牌抵挡诺曼骑兵。这样的战斗持续好几个小时，诺曼军队逐渐占据上风。从此，森拉克战役变成一系列单兵作战。哈罗德·戈德温森还在军旗下战斗。诺曼军队的目标是向军旗方向前进。这时，许多英格兰士兵阵亡，英格兰军队的抵抗越来越松懈。夜幕降临，在哈罗德·戈德温森的领导下，英格兰士兵仍然坚守。此时，诺曼底公爵威廉需要采用一种新的策略结束森拉克战役。

诺曼底公爵威廉的新策略是命令弓箭手向天空射箭。射出的箭像天上的雷电一样落下，目标是英格兰军旗四周的士兵。与此同时，二十位诺曼骑士的任务是降下甚至夺下英格兰军旗。弓箭手一射箭，骑士们就靠近军旗。其中，杀伤力最大的一箭射中哈罗德·戈德温森的右眼。哈罗德·戈德温森立即倒在英格兰军旗旁。二十位诺曼骑士中，大部分骑士被杀，只有四名骑士靠近奄奄一息的哈罗德·戈德温森，并且乱剑杀死哈罗德·戈德温森，带走英格兰军队的两面军旗。此时已经到夜晚，虽然哈罗德·戈德温森已经阵亡，但森拉克战役还没有结束。哈罗德·戈德温森的精兵没有一位逃跑或被俘。最终，哈罗德·戈德温森的精兵都阵亡。几名受伤的英格兰士兵被误为战死并被弃在一旁。1066年10月15日晨，这几名受伤的英格兰士兵恢复体力，离开森拉克战场。但英格兰军队内的非正规军士兵已经逃跑，并且骑走已阵亡骑兵的马。然而，即使在森拉克战役最后时刻，英格兰士兵仍然知道如何报复征服他们的诺曼

哈罗德·戈德温森被敌射中右眼

诺曼军队与英格兰军队交战

军队。诺曼军队对英格兰地形一无所知。诺曼士兵追赶战败的英格兰士兵,但被引到山后危险的地方。因此,在山后,许多诺曼士兵被杀。诺曼底公爵威廉回到山上,支起帐篷举行午夜庆功宴,并且与自己的军队整夜驻守在山上。

  1066年10月15日,诺曼底公爵威廉视察战场,并且参加士兵的葬礼。住在战场附近的妇女赶来,请求带走她们亲属的遗体,并且为自己的亲属举行葬礼。诺曼底公爵威廉允许这些妇女带走自己亲属的遗体,并且埋葬在附近的教堂。但他宣称一旦找到哈罗德·戈德温森的遗体,就不能为哈罗德·戈德温森按照基督教礼仪举行葬礼,因为作为一位伪证者,哈罗德·戈德温森已经被教皇亚历山大二世逐出教会。哈罗德·戈德温森的母亲吉莎·索凯斯多蒂尔请求用大笔黄金赎回儿子哈罗德·戈德温森的遗体,并且将哈罗德·戈德温森葬在沃尔瑟姆修道院教堂。诺曼底公爵威廉拒绝了吉莎·索凯斯多蒂尔的请求,并且命令威廉·马利特埋葬哈罗德·戈德温森。虽然不能通过基督教的仪式埋葬哈罗德·戈德温森，但哈罗德·戈德温森的遗体被体面地葬在黑斯廷斯的石堆纪念碑下。沃尔瑟姆有一座哈罗德·戈德温森的墓。据说，两位跟随哈罗德·戈德温森前往森拉克战场的神职人员要回哈罗德·戈德温森的遗体。但由于伤势严重，他们无法辨认出哈罗德·戈德温森。于是，两位神职人员叫来一位叫伊迪丝的女人帮忙。伊迪丝是哈罗德·戈德温森登基前爱过的女人。通过胎记，伊迪丝认出哈罗德·戈德温森。然后，哈罗德·戈德温森被葬在沃尔瑟姆。实际上，如同十年后的诺森伯兰伯爵瓦尔塞奥夫一样，真相很可能是哈罗德·戈德温森的遗体被迁走。起初，哈罗德·戈德温森被埋葬在石头下面。但后来，诺曼底公爵威廉发慈悲允许将哈罗德·戈德温森埋葬在沃尔瑟姆修道院教堂。无论如何，可以肯定的是，哈罗德·戈德温森战死沙场。对此，诺曼作家和英格兰作家都确定无疑。但有种说法认为哈罗德·戈德温森没有阵亡，只是受了重伤，并且活着被人带走。随后，他隐姓埋名活了很多年。最后，在切斯特，哈罗德·戈德温森去世。这种无稽之谈经常发生，因为关于哈罗德·戈德温森的弟弟盖斯·戈德温森也有相同说法，但我们没有理由相信这类故事。

我们必须清楚，森拉克战役并没有真正使诺曼底公爵威廉成为英格兰国王，也没有使他拥有整个英格兰。当时，诺曼底公爵威廉只占有萨塞克斯的一部分，英格兰王国内的其他人并没有臣服于他。如果英格兰还有如同哈罗德·戈德温森或盖斯·戈德温森那样的领导者，那么诺曼底公爵威廉可能会像克努特大帝那样有打不完的仗，并且最终无法获胜，因为在英格兰，很多人愿意为克努特大帝打仗。在英格兰，除了一些诺曼定居者，诺曼底公爵威廉没有朋友。直到两个多月，即1066年12月后，诺曼底公爵威廉才正式加冕，成为英格兰国王。即使这样，他只实际拥有英格兰三分之一的土地。直到三年后的1069年，"征服者"威廉①才完全统治英格兰。然而，森拉克战役仍然是决定英格兰

---

① 夺得英格兰王位后，诺曼底公爵威廉得到一个外号"征服者"。——译者注

哈罗德·戈德温森的尸体

伊迪丝认出哈罗德·戈德温森

命运的一战，因为此后，"征服者"威廉没有遭到大规模抵抗，也没有与任何王位觊觎者展开激战。下一章，我们将讨论"征服者"威廉如何逐步获得英格兰所有的土地，但十分重要的一点是，我们不能过分看重或看轻森拉克战役或黑斯廷斯战役，因为这两场战役并没有使"征服者"威廉成为英格兰正式的国王或英格兰王国实际的主人。但随着事态发展，森拉克战役使"征服者"威廉迟早会成为英格兰国王和英格兰王国实际的主人。

第9章
诺曼底公爵威廉如何成为英格兰国王

精彩看点

埃德加当选英格兰国王——诺曼底公爵威廉进军——诺曼底公爵威廉当选和加冕英格兰国王——英格兰北方伯爵臣服"征服者"威廉——"征服者"威廉的地位——"征服者"威廉没收和分封土地——"征服者"威廉回到诺曼底

据说，森拉克战役后，诺曼底公爵威廉曾希望所有英格兰人立即臣服于自己，但事实令他失望。森拉克战役结束后整整一个月，除了诺曼底公爵威廉率军经过的一些地方，没人愿意向他臣服。英格兰人普遍想另选一位国王，并且在新国王的领导下继续与诺曼底公爵威廉作战。但很难选出新国王，因为哈罗德·戈德温森的弟弟们已经阵亡，哈罗德·戈德温森的孩子们还年幼。人们甚至不确定哈罗德·戈德温森的孩子们是否是合法婚生的。当时，麦西亚伯爵埃德温和莫卡已经到达伦敦，但在英格兰南部，不可能有人愿意选择麦西亚伯爵埃德温和莫卡中的一人为英格兰国王。英格兰王位唯一可能的人选是年幼的"显贵者"埃德加。"显贵者"埃德加也是英格兰王室的最后一位成员。因此，伦敦的贤人会议推选"显贵者"埃德加为英格兰国王。"显贵者"埃德加行使了一两次国王的权力，但没有加冕，不算真正的国王。如果事态没有朝反方向发展，那么"显贵者"埃德加无疑会在1066年圣诞节加冕。"显贵者"埃德加当选英格兰国王后，麦西亚伯爵埃德温和莫卡决定撤军，回到各自的领地。麦西亚伯爵埃德温和莫卡带着他们的妹妹、哈罗德·戈德温森的遗孀埃尔德盖斯回到切斯特。麦西亚伯爵埃德温和莫卡很可能认为诺曼底公爵威廉会满足于占领哈罗德·戈德温森及其弟弟们的领地，并且认为自己能保护好自己的领地不受诺曼底公爵威廉侵扰。由于英格兰民众没有忠诚团结在"显贵者"埃德加周围，导致英格兰最后的希望破灭。由于森克拉的屠杀，英格兰南部无力反抗诺曼底公爵威廉的军队。

森拉克战役结束后，在黑斯廷斯，诺曼底公爵威廉待了六天，即1066年10月15日到1066年10月20日。他以为英格兰民众会蜂拥而至，向自己鞠躬臣服，但没有一个英格兰人前来。于是，诺曼底公爵威廉率军进军肯特。森拉克战役中，肯特的武装力量被削弱了很多。因此，肯特不能抵抗诺曼底公爵威廉的武装力量。接下来，英格兰一个郡接一个郡地向诺曼底公爵威廉臣服。多佛和坎特伯雷也臣服于诺曼底公爵威廉。多佛有英格兰为数不多的一座城堡。当时，由于诺曼底公爵威廉生病，诺曼底公爵威廉的军队进军受阻，但他向温切斯特派去信使。当时，伊迪丝夫人住在温彻斯特。随即，温彻斯特归顺诺曼底公爵威廉。然后，诺曼底公爵威廉进军伦敦，但没有跨过泰晤士河。他的策略是先占领伦敦周边地区，然后再攻占伦敦。诺曼底公爵威廉率军打败伦敦的武装，烧毁萨瑟克郊区，然后沿泰晤士河右岸行军到沃灵福德，并且在沃灵福德渡过泰晤士河。接着，诺曼底公爵威廉向东攻打到伯克姆斯特德，打算从北部包围伦敦。攻占伯克姆斯特德后，诺曼底公爵威廉没有必要再以英格兰对手的身份向前进发。

起初，伦敦的武装急于展开战斗，但由于英格兰北方地区伯爵的背叛，伦敦的防御力量遭到削弱。诺曼底公爵威廉逐渐进军到伦敦北部时，伦敦民众丧失了信心。贤人会议和伦敦市民别无选择，只能臣服于诺曼底公爵威廉。被选为英格兰国王的"显贵者"埃德加和约克大主教埃尔德雷德及其他首领一起将英格兰王位让给诺曼底公爵威廉。据说，接受英格兰王位时，诺曼底公爵威廉有些顾虑，因为实际上，他只掌握了英格兰王国的小部分土地。但诺曼底公爵威廉预见到，自己如果能合法当选英格兰国王并加冕，那么会赢得英格兰其他贵族的支持。这将是莫大的收获。因此，1066年圣诞节时，诺曼底公爵威廉来到伦敦。如同1066年主显节时，哈罗德·戈德温森加冕一样，约克大主教

诺曼底公爵威廉进入伦敦

诺曼底公爵威廉加冕

埃尔德雷德为诺曼底公爵主持加冕和涂圣油礼。加冕时,诺曼底公爵威廉的诺曼士兵驻守在教堂外。当约克大主教埃尔德雷德问教堂内的人是否愿意让诺曼底公爵威廉做英格兰国王时,教堂内的人喊道:"是的,是的!"教堂外面的诺曼人误以为诺曼底公爵威廉受到伤害,甚至想到一个奇怪的方法帮助诺曼底公爵威廉。他们放火烧了教堂附近的房子。人们冲出教堂灭火,导致发生很大的混乱。因此,加冕当日,"征服者"威廉的新旧臣民发生了不愉快,但这不

加冕当日,"征服者"威廉的新旧臣民发生了不愉快

是"征服者"威廉的过错。与此同时,一座堡垒,即著名的伦敦塔开始修建。修建伦敦塔的目的是维持伦敦的秩序。修建伦敦塔时,"征服者"威廉撤到离伦敦不远的埃塞克斯的巴金。

如同"征服者"威廉在伯克姆斯特德时,英格兰南方的贵族前来向他称臣一样,"征服者"威廉在巴金时,英格兰北方的大部分贵族前来向他俯首称臣。此时,麦西亚伯爵埃德温和莫卡发现"征服者"威廉不满足于拥有半个英格兰王国。因此,麦西亚伯爵埃德温和莫卡前来称臣,并且重新得到自己的领地。诺森伯兰伯爵瓦尔塞奥夫很有可能也这么做了。托斯蒂格·戈德温森以前

诺曼底公爵威廉修建伦敦塔

建好后的伦敦塔

的宠臣科珀西和其他地方的一些当权者也前来称臣。"征服者"威廉亲切地接待了他们。但奥斯沃尔夫似乎没有来，至少可以肯定，奥斯沃尔夫冒犯了新国王"征服者"威廉。因为不久后，1067年2月，"征服者"威廉剥夺了奥斯沃尔夫的爵位，将他的领地封给科珀西。

经过正常的选举和加冕，以及英格兰大部分首领的臣服，此时，"征服者"威廉成为英格兰国王。但我们不能认为，"征服者"威廉此时对整个英格兰拥有任何实际权力。当时，"征服者"威廉只拥有从汉普郡到诺福克的英格兰东南部，以及英格兰的一些主要城市，如伦敦、温切斯特、坎特伯雷、诺里奇，很可能还有牛津。赫里福德郡的一部分民众认可"征服者"威廉的地位。另外，赫里福德郡有位叫奥斯本·菲茨理查德的诺曼人。奥斯本·菲茨理查德是理查城堡的建造者，前国王"忏悔者"爱德华手下的郡长。在所有英格兰北部、西部和西北部没有别的国王的地方，"征服者"威廉是国王，但在约克、埃克塞特、林肯或切斯特，人们见不到诺曼士兵。英格兰伯爵们的臣服并不代表他们领地上的普通民众真正服从"征服者"威廉。然而，既然"征服者"威廉被承认是英格兰国王，他需要对一切事务表现得似乎拥有充分的权力。因此，"征服者"威廉将麦西亚伯爵埃德温的领地归还他，并且将其他土地和官职分给其他人，因为"征服者"威廉还不想剥夺这些土地。"征服者"威廉还表示要将奥斯沃尔夫的爵位赐给科珀西。实际上，真相是科珀西是奥斯沃尔夫的对手并想取代奥斯沃尔夫。科珀西利用"征服者"威廉的名义达到自己的目的，"征服者"威廉也授予科珀西权力达到其目的。但在诺森伯兰，"征服者"威廉不能赋予科珀西任何实权。被新国王"征服者"威廉指派为伯爵后不久，科珀西就被奥斯沃尔夫的党羽杀死。奥斯沃尔夫统治自己的领地直到1067年年末，后被一名强盗杀死。

解读法律时，"征服者"威廉发现自哈罗德·戈德温森阵亡后，自己不完全是一位国王，而是唯一一位拥有权力成为国王的人，并且只有加冕受膏后，自己才能成为一位真正的国王。于是，阻碍"征服者"威廉和平登上王位的人，即在森拉克战役与他作战的人都是叛徒。"征服者"威廉认为哈罗德·戈德温森不是英格兰国王，而是一名做伪证者。在"征服者"威廉的统治中，他从来没有将哈罗德·戈德温森称为国王，而是伯爵。因此，作为国王，哈罗德·戈德温森做的一切事都无效。在"征服者"威廉看来，没有一个英格兰人为自己作战。相反，很多英格兰人与"征服者"威廉为敌。因此，除了教会的土地，英格兰所有的土地被没收并归国王"征服者"威廉所有。"征服者"威廉如果愿意，那么可以没收所有土地，或者将土地分封给他喜欢的人。但在英格兰大部分地区，他还不能这样做。"征服者"威廉很精明，没有立即在所有地方推广分封土地的政策。起初，英格兰很多土地是公有土地，也叫民地。长期以来，这类土地逐渐被看作国王的土地。当时，既然国王"征服者"威廉是位外邦征服者，英格兰王国就势必发生很多变化，如民地将变成国王的土地。因此，哈罗德·戈德温森、威塞克斯伯爵戈德温的家族及在森拉克战役中阵亡的人的财产被"征服者"威廉收入囊中。对这些财产，"征服者"威廉抑或变成自己的私有财产抑或分封给来自诺曼的追随者。起初，对默默臣服的英格兰人的土地，"征服者"威廉似乎将其归还给以前拥有土地的英格兰人并收取赎金。对此，我们的解读是英格兰人通常需要赎回自己的土地。在一些特殊情况下，拥有土地的英格兰人会这样做。但普遍的法则是无论诺曼人还是英格兰人，无论他们先前是否拥有这片土地，他们必须拥有国王的文书或印章证明自己受到国王的分封。在这种情况下，他才有权拥有土地。无论诺曼人还是英格兰人，冒犯"征服者"威廉的人或者为"征服者"威廉服务的人，"征服者"威廉都会利用剥夺或分封土地的方式奖惩他们。直到"征服者"威廉统治后期，英格兰大部分土地都已经易手，并且被诺曼人和其他外邦人占有。但早期赢得"征服者"威廉青睐的英格兰人既保留了原来的土地，还获得了新的封地。从此，英格兰的主要公职和财产一步步从英格兰人手中转到外邦人手中，但"征服者"威廉只能在英格兰东南部占有或分封土地。

此时，"征服者"威廉觉得自己该回到诺曼底公国待一段时间。1067年，

"征服者"威廉跨过英吉利海峡,回到诺曼底参加复活节宴会。"征服者"威廉自然会向自己的老朋友和原来的臣民炫耀自己征服者的身份,他的政策是将英格兰当作自己的王国。离开英格兰期间,"征服者"威廉需要找人治理英格兰。当时,"征服者"威廉没办法控制英格兰北部地区。他只将自己实际控制的地方交给弟弟巴约的奥多和朋友威廉·菲茨奥斯本管理。对巴约的奥多和威廉·菲茨奥斯本,"征服者"威廉分别赐予他们伯爵领地。其中,肯特被分给巴约的奥多,赫里福德被分给威廉·菲茨奥斯本。但无论当时还是后来,在整个英格兰,"征服者"威廉没有像从前一样到处设立伯爵领地。他只在容易受到攻击的海岸地区和边境地区设立伯爵领地。因此,赫里福德伯爵威廉·菲茨奥斯本要保护自己的领地免受威尔士人侵扰,巴约的奥多要保护自己的领地免受大陆人的侵袭。然后,"征服者"威廉号召包括"显贵者"埃德加、坎特伯雷大主教斯蒂甘德、麦西亚伯爵埃德温和莫卡、诺森伯兰伯爵瓦尔塞奥夫及其他在英格兰有权势的人一同前往诺曼底。这些在英格兰有权势的人虽然以贵宾和朋友身份出访诺曼底,但实际上,他们是人质或囚徒。"征服者"威廉前往诺曼底很多地方,并且赠予教会大量礼物。在诺曼底,"征服者"威廉一直待到1067年12月。当时,英格兰发生了很多事使他必须回到英格兰。

第10章
"征服者"威廉如何赢得整个英格兰

精彩看点

巴约的奥多和赫里福德伯爵威廉·菲茨奥斯本摄政——赫里福德郡的"野人"埃德里克——多佛的帮手布洛涅伯爵厄斯塔斯二世——"征服者"威廉回到英格兰——围攻埃克塞特——征服英格兰西部——第一次征服北方——哈罗德·戈德温森的儿子们——约克的第一次叛乱——丹麦人到来——最后一次征服英格兰北部——诺曼征服英格兰结束——新任大主教——丹麦军队在伊里岛——伊里岛的抵抗——总结

以"征服者"威廉的名义统治英格兰的巴约的奥多和赫里福德伯爵威廉·菲茨奥斯本没有获得英格兰民众的爱戴。但"征服者"威廉竭尽所能获得英格兰民众的好感,并且坚定地树立自己的权威。为达到目的,"征服者"威廉可以做事严厉甚至残忍,但绝不会肆意压迫普通民众。"征服者"威廉严惩任何形式的公开作恶者,不管作恶者来自哪个民族。但"征服者"威廉任命的两位摄政巴约的奥多和赫里福德伯爵威廉·菲茨奥斯本没有这样做。他们即使不以压迫英格兰民众为乐,也会纵容手下为所欲为。当时,英格兰民众不管遭到何种压迫,都不会得到任何赔偿。最重要的是,巴约的奥多和赫里福德伯爵威廉·菲茨奥斯本到处修建城堡,并且允许他人修建城堡。因此,我们看到对建造城堡,英格兰的先人们多么恐惧。看起来,在巴约的奥多和赫里福德伯爵威廉·菲茨奥斯本这两位摄政的统治下,英格兰民众受到的压迫最严重,至少在两位摄政的领地肯特和赫里福德是这种情况。肯特和赫里福德爆发了反对新国王"征服者"威廉的起义,但肯特和赫里福德的反抗形式不同。在完全臣服于"征服者"威廉的肯特,起义是对新建立的政府管理方式的反抗,但在没有完全归顺"征服者"威廉的赫里福德,如同黑斯廷斯战役前,当地民众还是试图将诺曼入侵者赶出去。

在赫里福德郡边境地带,抵抗诺曼人的主要领导人是"野人"埃德里克。

在尚未归顺"征服者"威廉的各地中，"野人"埃德里克最有权势。"野人"埃德里克保护部分地方享有自由，并且坚守在森林或其他危险的地方。因此，诺曼人称他"野人"。赫里福德伯爵威廉·菲茨奥斯本的手下不断攻击"野人"埃德里克，但没有任何效果。最终，"野人"埃德里克与威尔士首领布莱迪·辛菲英和瑞沃伦·辛菲英结盟，威尔士前国王格鲁菲兹的领地是哈罗德·戈德温森分封的。在布莱迪·辛菲英和瑞沃伦·辛菲英的帮助下，"野人"埃德里克损毁诺曼人分封到的土地，并且掠夺诺曼人的大量财产。实际上，诺曼人一直没能战胜"野人"埃德里克。随后，我们会多次提到"野人"埃德里克。

与向赫里福德边境的"野人"埃德里克寻求帮助一样，肯特民众向海外寻求帮助。但肯特民众寻找到一位奇怪的帮手。他们派人寻找"忏悔者"爱德华的妹夫布洛涅伯爵厄斯塔斯二世。"忏悔者"爱德华在世时，布洛涅伯爵厄斯塔斯二世曾为多佛带来许多灾难。另外，他是将哈罗德·戈德温森乱刀砍死的四位骑士中的一位。肯特民众向布洛涅伯爵厄斯塔斯二世寻求帮助一定是因为他们十分厌烦巴约的奥多。但我们不知道布洛涅伯爵厄斯塔斯二世是否会帮助肯特民众，毕竟"征服者"威廉曾向布洛涅伯爵厄斯塔斯二世分封英格兰的土地。另外，"征服者"威廉与布洛涅伯爵厄斯塔斯二世之间没有争执，布洛涅伯爵厄斯塔斯二世不可能认为自己能赶走"征服者"威廉并当上英格兰国王。不管原因是什么，布洛涅伯爵厄斯塔斯二世率军乘船出发。另外，一大群以肯特民众为主的英格兰民众加入布洛涅伯爵厄斯塔斯二世的部队。布洛涅伯爵厄斯塔斯二世的部队试图在多佛城堡起义，但肯特的要塞被攻陷，布洛涅伯爵厄斯塔斯二世的部队被击溃，布洛涅伯爵厄斯塔斯二世丧失勇气并撤回自己的领地。

除了公开起义反抗"征服者"威廉及其权力的人，其他英格兰人通过不同方式表达自己的不满。有人集体离开英格兰，还有人四处寻求帮助，主要是寻求丹麦国王斯文二世的帮助。值得注意的是，丹麦国王斯文二世是克努特大帝的外甥，哈罗德·戈德温森的表兄。二十五年前，即1042年前，人们曾讨论选

贝叶挂毯上的布洛涅伯爵厄斯塔斯二世

举斯文二世,而不是"忏悔者"爱德华为英格兰国王。此时,如果哪位君主有能力赢得英格兰,那么非斯文二世莫属。但在很多地方还没归顺"征服者"威廉时,斯文二世没有抓住这一合适时机。更糟糕的是,英格兰民众不肯通力协作。有时,一地爆发起义。接着,在另一个时间,另一地爆发起义。在英格兰,有人为斯文二世而战,有人为"显贵者"埃德加而战,有人为哈罗德·戈德温森的儿子而战,麦西亚伯爵埃德温和莫卡为自己而战,但没人为反抗"征服者"威廉而战。因此,英格兰一点点被"征服者"威廉占有。1067年12月,"征服者"威廉回到英格兰。在威斯敏斯特,他召集议会,没收土地,重新分封土地。与此同时,"征服者"威廉审判并废黜了布洛涅伯爵厄斯塔斯二世,因为作为布洛涅伯爵，他没有效忠"征服者"威廉。由于布洛涅伯爵厄斯塔斯二世是占有英格兰国王土地的臣民，"征服者"威廉可以审判并废黜他。后来，布洛涅伯爵厄斯塔斯二世得到"征服者"威廉的宠信，并且重新获得领地。另外，"征服者"威廉还派各路使节拜见别国君主，阻止他们在其统治的国家做任何不利于"征服者"威廉的事。"征服者"威廉特别派使节、修道院院长埃塞尔西格拜见丹麦国王斯文二世。此外，"征服者"威廉的两项任命值得我们注意：一项是任命空缺的多切斯特主教。实际上，"征服者"威廉指派诺曼僧侣雷米吉乌斯·德·费康担任多切斯特主教。这是在整个统治时期，"征服者"威廉开创的

雷米吉乌斯·德·费康

一项新制度，即英格兰地区的主教一职空缺时，指派诺曼人或其他外邦人担任主教。另一项任命是任命诺森伯兰伯爵。奥斯沃尔夫去世后，诺森伯兰伯爵空缺。在诺森伯兰，"征服者"威廉还没有树立权威。于是，他将诺森伯兰分封给诺森伯兰伯爵西瓦尔德的家属格斯帕特瑞克，更确切地说是卖给了格斯帕特瑞克。但与科珀西相比，诺森伯兰伯爵格斯帕特瑞克并没有更强的能力统治诺森伯兰。

1068年春，"征服者"威廉开始严厉征服表面上服从自己的地方。当时，整个英格兰西部、中部和北部，诺森伯兰，麦西亚大部分地区和威塞克斯大部分地区都没有归顺"征服者"威廉。其中，英格兰西部对"征服者"威廉的统治威胁很大。英格兰西部最大的城市埃克塞特是整个抵抗运动的中心。威塞克斯伯爵戈德温的遗孀、哈罗德·戈德温森的母亲吉莎·索凯斯多蒂尔在埃克塞特。吉莎·索凯斯多蒂尔的孙子戈德温、埃德蒙和马格努斯可能也在埃克塞特。埃克塞特与英格兰西部其他各镇结盟。英格兰各地民众也加入反抗者的行列。如果其他未被征服的地区一同起义，并且就某一反抗路线达成一致，那么此时，"征服者"威廉会被赶出英格兰。但当英格兰西部起义时，英格兰北方没有动静。更糟糕的是，埃克塞特民众没有同心协力。出发前，"征服者"威廉向埃克塞特民众带去消息，要求埃克塞特民众向自己宣誓效忠并允许自己进入埃克塞特。埃克塞特民众回复说，他们会像给以前的国王纳贡那样向"征服者"威廉纳贡，但不会向他宣誓效忠也不让他进城。这意味埃克塞特是独立的自治实体，会向"征服者"威廉纳贡，但不将"征服者"威廉直接视作国王。"征服者"威廉不可能允许埃克塞特没有完全归顺自己。因此，他开始向埃克塞特进军，号召已经臣服的各郡与自己并肩作战。为威吓主要对手，"征服者"威廉沿路占领并掠夺多塞特的各座城邑。埃克塞特的大人物吓坏了，连忙派人找到"征服者"威廉，同意归顺"征服者"威廉，并且交给他人质，但埃克塞特民众不愿意归顺。于是，挖出一个人质的眼睛后，"征服者"威廉包围了埃克塞特。埃克塞特民众勇敢地坚守了十八天。一座堡垒被损毁后，埃克塞特

鲁日蒙城堡遗址

被攻陷。接着,"征服者"威廉进城,赦免了埃克塞特民众。吉莎·索凯斯多蒂尔及其同伴乘船逃走。为了获得权力,"征服者"威廉又建造一座叫鲁日蒙或红山的城堡,并且增加埃克塞特需要上交的贡品,但他似乎没有进一步伤害英格兰民众。

夺取埃克塞特后不久,"征服者"威廉征服了整个英格兰西部。多塞特郡、德文郡、萨默塞特郡、康沃尔郡,很有可能还有格洛斯特郡和伍斯特郡,都被囊括到"征服者"威廉的领地内。然而,在赫里福德郡的一隅,"野人"埃德里克仍在坚守。此时,"征服者"威廉成为整个威塞克斯和东安格利亚,以及麦西亚部分地区的领主。显然,征服英格兰西部后,"征服者"威廉还是没收土地并分封给他人。"征服者"威廉的弟弟莫尔坦伯爵罗贝尔几乎得到了康沃尔的所有土地和英格兰西部其他诸郡的大部分财产，其中包括发现沃尔瑟姆圣十字架的萨默塞特小山。诺曼人将萨默塞特的这座小山叫蒙塔丘特山或尖峰山。此时，"征服者"威廉认为一切准备就绪。他要将妻子佛兰德斯的玛蒂尔达接到英格兰。1068年圣灵降临节，在威斯敏斯特教堂，约克大主教埃尔德雷德主持了佛兰德斯的玛蒂尔达王后的加冕礼。

  与此同时，在英格兰西部臣服"征服者"威廉时，英格兰北部开始爆发起义。虽然在英格兰北部，麦西亚伯爵埃德温、莫卡和诺森伯兰伯爵格斯帕特瑞克名义上是"征服者"威廉手下的伯爵，但他们的领地一直没有归顺"征服者"威廉，甚至他们只是出现在"征服者"威廉的法庭上。当时，整个英格兰北部已经做好反抗的准备。与埃克塞特是英格兰西部起义的中心一样，约克自然是英格兰北部起义的中心。另外，英格兰北部民众得到威尔士人的帮助，并且向苏格兰和丹麦方面寻求帮助。此时，英格兰北部已经武装起来。诺森伯兰伯爵格斯帕特瑞克加入民众的反抗行动。另外，英格兰北部有"显贵者"埃德加，似乎还有麦西亚伯爵埃德温和莫卡。因此，整个英格兰北部的起义不乏领导者。"征服者"威廉一直进军到沃里克与英格兰北方起义军作战。沃里克似乎是在英格兰北部的起义中，"征服者"威廉第一个征服的地方。英格兰北部起义军与"征服者"威廉狭路相逢，但麦西亚伯爵埃德温和莫卡对这次起义丧失了信心，选择归顺"征服者"威廉。他们重新获得领地，并且获得"征服者"威廉表面上的好感。"征服者"威廉甚至许诺将一个女儿嫁给麦西亚伯爵埃德温。当时，英格兰北部的起义军解散了，只有一群大胆的起义军士兵向北进军并控制了达勒姆。诺森伯兰伯爵格斯帕特瑞克、"显贵者"埃德加、"显贵者"埃德加的母亲阿加莎和妹妹向苏格兰国王马尔科姆三世寻求庇护。此时，"征服者"威廉无事可做，只好继续向北进军，占领一座又一座城镇。这些城镇中，有些城镇被"征服者"威廉通过武力征服，有些城镇和平归顺"征服者"威廉。然而，"征服者"威廉对待一部分城镇和郡的态度与对待另一部分城镇和郡的态度不同。无疑，由英格兰人控制土地并由英格兰人担任公职的城镇和郡是和平归顺的。在征服的所有的城镇中,为了维持秩序,"征服者"威廉建造了城堡。就这样,"征服者"威廉占领了莱斯特和诺丁汉。接着,"征服者"威廉率军前往约克。约克和平归顺"征服者"威廉。在约克,"征服者"威廉修建了一座城堡。既然已经获得英格兰北部的中心城市和英格兰北部主要的抵抗中心,"征服者"威廉没有继续前进,而是从另一条路折回英格兰南部。返回途中,"征服者"威廉占领了林肯、斯坦福、剑桥和亨廷登。1068年,征服英格兰西部和英格兰南部为"征服者"威廉赢得比1066年的森拉克战役获胜更多的土地。狭义上的诺森伯兰及其主要城市达勒姆,麦西亚西北部及其主要城市切斯特都没有归顺"征服者"威廉。在已经归顺的地方,"征服者"威廉的统治仍不稳固。

1068年,曾经出逃的哈罗德·戈德温森的三个儿子戈德温、埃德蒙和马格努斯和他们的祖母吉莎·索凯斯多蒂尔从爱尔兰率领一支部队回到英格兰。无疑,这支部队的大部分成员是住在爱尔兰的丹麦人。然而,这支部队只是抢夺财物。然后,这支部队被赶出布里斯托,并且与埃德诺斯·康斯特布尔领导的萨默塞特武装打了一仗。埃德诺斯·康斯特布尔曾是戈德温、埃德蒙和马格努斯的祖父威塞克斯伯爵戈德温的马倌。此时,他成为"征服者"威廉的手下。更糟的是,埃德诺斯·康斯特布尔被杀,哈罗德·戈德温森的儿子们乘船离开。1068年晚些时候,"征服者"威廉有一个儿子在英格兰出生。这个孩子是"征服者"威廉最小的儿子亨利。亨利是"征服者"威廉加冕后的唯一一个孩子,并且在英格兰长大。因此,在英格兰人的观念中,亨利是真正的王储。后来,亨利成为英格兰国王亨利一世。

英格兰北部和英格兰西部的和平没有维持很长时间。1069年的战斗比1068年的更多,但1068年是英格兰被"征服者"威廉真正征服的一年。1068年的圣诞节宴会上,"征服者"威廉将诺森伯兰爵位赐予罗贝尔·德·科米讷。不过,诺森伯兰仍然没有归顺"征服者"威廉。"征服者"威廉既然已经率军攻占约克,进攻达勒姆和更远的地方就容易多了。然后,罗贝尔·德·科米讷率领

英格兰国王亨利一世

一支诺曼部队夺取诺森伯兰，但他在当地的遭遇并不比科珀西的遭遇好，因为诺森伯兰民众决意反抗罗贝尔·德·科米讷。但在诺森伯兰主教埃塞尔温的帮助下，罗贝尔·德·科米讷和平进入达勒姆。随后，罗贝尔·德·科米讷放任手下肆意抢夺，导致达勒姆及其附近民众奋起反抗，并且将罗贝尔·德·科米讷及其追随者都杀了。杀死罗贝尔·德·科米讷及其追随者鼓舞了约克郡百姓和已经逃到苏格兰的起义首领们。诺森伯兰伯爵格斯帕特瑞克和"显贵者"埃德加回到英格兰北部。他们受到约克郡民众的欢迎并包围了约克的城堡。但"征服者"威廉立即向北进军，将诺森伯兰伯爵格斯帕特瑞克和"显贵者"埃德加驱赶出去，并且在约克郡建造第二座城堡。另外，"征服者"威廉让自己的朋友赫里福德伯爵威廉·菲茨奥斯本掌管这座城堡。随后，赫里福德伯爵威廉·菲茨奥斯本派一支部队镇压达勒姆民众，但这支军队没有越过诺萨勒顿就停止了进攻。实际上，"征服者"威廉离开没多久，达勒姆民众再次进攻约克的城堡，但当地民众的武装被赫里福德伯爵威廉·菲茨奥斯本的部队击溃了。不久，1069年6月，哈罗德·戈德温森的儿子们再次来到德文郡大肆掠夺，但被赶走。因此，英格兰既受罗贝尔·德·科米讷的掠夺，又受"征服者"威廉的对手的掠夺。

起义失败表明推翻"征服者"威廉的努力是徒劳的，因为英格兰缺少一位像哈罗德·戈德温森或埃德蒙·艾恩赛德那样的领袖。英格兰人会打仗，但他们的起义没有推翻"征服者"威廉的统治，因为缺少稳定的首领，英格兰各地不能协调作战。实际上，在没有伯爵或首领带领的情况下，为自己作战时，各地民众能打好仗。1069年秋，最好的一次推翻"征服者"威廉统治的机会出现。当时，英格兰大部分地区立即武装起来，英格兰西部爆发起义，萨默塞特和多塞特民众包围了蒙塔丘特的新城堡，德文郡和康沃尔郡民众包围了埃克塞特的新城堡。"野人"埃德里克带领大批威尔士士兵和英格兰士兵袭击了什鲁斯伯里。另外，没有归顺"征服者"威廉的斯塔福德郡民众已经武装起来。但这些反抗运动一个接一个被镇压，只有斯塔福德郡的斗争坚持了一段时间。与此同时，英格兰北部发生更重大的事件。丹麦国王斯文二世派出一支舰队帮助英格兰人。这支舰队由斯文二世的弟弟奥斯本、斯文二世的儿子哈拉尔和克努特率领。经过在多佛、桑威奇、伊普斯威奇和诺里奇的几次徒劳尝试后，丹麦舰队进入亨伯河。英格兰人欢呼雀跃地迎接丹麦军队。英格兰北部所有贵族首领都加入丹麦舰队。"显贵者"埃德加和诺森伯兰伯爵格斯帕特瑞克从苏格兰回到英格兰，甚至诺森伯兰伯爵瓦尔塞奥夫也回到了英格兰。约克郡的指挥官威廉·马利特——最早埋葬哈罗德·戈德温森遗体的人——和根特的吉尔伯特传话说他们的军队可以坚持一整年，但事实并非如此。丹麦和英格兰联军开始向约克进军。在英格兰和丹麦联军到来之前，约克大主教埃尔德雷德由于不堪重负去世。诺曼指挥官们放火烧毁城堡附近的房屋，英格兰北部城市大部分都被烧毁。丹麦和英格兰联军很快到达约克，诺曼守军试图突围，但诺曼军队的有些士兵被杀，有些士兵被俘，两位指挥官威廉·马利特和吉尔伯特·德·根特被俘。这次战役中，由于杀了很多诺曼士兵，诺森伯兰伯爵瓦尔塞奥夫声名大振。"征服者"威廉建造的城堡被拆毁。此时，约克脱离诺曼人的统治，但丹麦和英格兰联军没有守住约克。英格兰士兵四散离开约克，丹麦士兵也乘船离开约克。

听到约克沦陷的消息后，"征服者"威廉立刻率军北上。但发现丹麦与英格兰联军分散后，"征服者"威廉将弟弟莫尔坦伯爵罗贝尔留在林德塞对付丹麦人，自己通过激战降服了斯塔福德郡的反抗势力。然后，"征服者"威廉进军并收复了约克。此时，"征服者"威廉做了人生中最可怕的一件事。为使英格兰北部没人能再反抗自己，"征服者"威廉将约克郡以北的英格兰全部变成荒地。这场可怕的浩劫使英格兰北部居民挨饿，甚至被卖为奴隶，并且多年内，英格兰北部的土地不能耕种。然后，在约克郡，"征服者"威廉戴上王冠举行圣诞盛宴。1070年1月，"征服者"威廉出发征服还没有归顺自己的英格兰最北方地区。此时，诺森伯兰伯爵瓦尔塞奥夫和诺森伯兰伯爵格斯帕特瑞克都希望得到"征服者"威廉的原谅。随后，诺森伯兰伯爵瓦尔塞奥夫和诺森伯兰伯爵格斯帕特瑞克重新获得伯爵领地，诺森伯兰伯爵瓦尔塞奥夫甚至迎娶了"征服者"威廉的侄女朱迪思。接下来，"征服者"威廉来到达勒姆。达勒姆主教和几乎所有达勒姆居民都逃离当地。与摧毁约克郡一样，"征服者"威廉将达勒姆夷为平地。然后，在寒冷的冬季，"征服者"威廉回到约克，解决了新征服领地上的各类事务。最终，"征服者"威廉成为整个诺森伯兰、德伊勒和伯尼西亚的主人。

然而，"征服者"威廉仍然没有拥有整个英格兰。"野人"埃德里克仍然坚守在赫里福德郡的边境地带。另外，伊里岛可能一直没有完全归顺"征服者"

威廉。英格兰的一隅和主要城市切斯特仍然坚守。1070年2月,一个寒冷的冬季,"征服者"威廉再次从约克向切斯特进军。"征服者"威廉的军队遭受的痛苦令人恐惧。这导致很多雇佣军士兵叛变。"征服者"威廉下令继续前进,并且接受英格兰最后一座自由城市切斯特投降,但切斯特是和平投降还是被武力征服,我们不得而知。在切斯特和斯塔福德,"征服者"威廉修建城堡。然后,"征服者"威廉下令进军索尔兹伯里。在索尔兹伯里,"征服者"威廉检阅并解散了自己的军队,因为此时,"征服者"威廉其实已经赢得整个英格兰。当时,即使零星地区没有归顺"征服者"威廉,但没有整个郡或大城邑反抗"征服者"威廉。最后,加冕三年多后,"征服者"威廉成为英格兰实至名归的国王。此后,我们听到的反抗不再是对侵略者的反抗,而是对现政府的反抗,虽然这个政府是由外邦人组成。

征服英格兰期间,英格兰的一切事务陷入混乱。但此时,"征服者"威廉有时间将注意力转到教会事务方面。此外,"征服者"威廉还下定决心像征服英格兰一样征服英格兰教会,或者说让教会成为他巩固统治英格兰的工具。"征服者"威廉逐渐将最大的庄园和最高的世俗职位从英格兰人手中转到外邦人手中。随后,他的教会政策是将教会的最高职位移交给外邦人。"征服者"威廉规定,英格兰籍主教一旦去世,就由诺曼裔或外籍主教担任该教区主教。另外,被指控犯罪的英格兰籍主教不必等到去世,应该立即罢免。与主教相比,"征服者"威廉对修道院院长的规定不严格,因为修道院院长的世俗地位没有主教高。虽然一些修道院院长被免职,一些诺曼裔修道院院长得到任命,但仍有许多英格兰籍修道院院长保住了职位,甚至还有一些英格兰籍修道院院长获得"征服者"威廉亲自封赏的修道院。"征服者"威廉做的一切得到其他顾问和教皇亚历山大二世的帮助,因为加强英格兰与罗马的联系是"征服者"威廉既定政策的一部分。不过,"征服者"威廉坚决拒绝让出自己的任何王权。1070年复活节宴会上,教皇亚历山大二世的两位使节亲自为"征服者"威廉戴上王冠。随后,英格兰议会召开。会上,坎特伯雷大主教斯蒂甘德遭免

教皇亚历山大二世的两位使节亲自为"征服者"威廉戴上王冠

职,因为人们一直质疑他主教职位不合法。坎特伯雷大主教斯蒂甘德的继任者是欧洲最著名的一位学者,来自帕维亚的兰弗朗克。在诺曼底定居后,兰弗朗克成为一名僧侣,并且担任卡昂的圣斯蒂芬修道院的院长。这个修道院由"征服者"威廉下令建造。1070年8月,兰弗朗克成为坎特伯雷大主教。在"征服者"威廉随后的统治期内,兰弗兰克一直是"征服者"威廉的得力助手。另外,由于埃尔德雷德去世,约克大主教一职空缺。1070年圣灵降临节,约克大主教一职被授予诺曼人托马斯。托马斯曾是巴约的教士,也是一位伟大的学者和谨慎的主教。如果"征服者"威廉任命的主教不是外邦人,那么他的许多任命会更好。1071年，坎特伯雷大主教兰弗朗克和约克大主教托马斯前往罗马，接受教皇亚历山大二世的羊毛披肩或荣誉徽章。于是，英格兰拥有两位外籍大主教。另外，诺曼人沃克林接替斯蒂甘德担任的温切斯特主教一职。在"征服者"威廉整个统治时期，英格兰各教区主教职位被授予外籍神职人员。直到统治的最后阶段，"征服者"威廉才任命了唯一一位英格兰籍主教伍尔夫斯坦。

坎特伯雷大主教兰弗朗克和约克大主教托马斯被祝圣前，英格兰再次发生武装冲突。"征服者"威廉征服诺森伯兰时，丹麦舰队仍然在亨伯河逗留。"征服者"威廉贿赂丹麦指挥官奥斯本。于是，"征服者"威廉和丹麦舰队同意1070年冬季结束后，丹麦士兵乘船返回丹麦。返回丹麦时，丹麦士兵或许可以在英格兰掠夺。因此，伊里岛既遭到国内势力又遭到国外势力的侵扰。最终，1070年5月，丹麦舰队航行到英格兰东南部的沼泽地区，并且出现在伊里。伊里民众欢迎丹麦士兵到来，并且相信他们可以守住伊里。当时，伊里民众很可能已经准备好接受斯文二世做他们的国王。因此，伊里爆发起义。现在，我们第一次听到"警觉者"赫里沃德这个响当当的名字。关于"警觉者"赫里沃德，我们听到各种各样稀奇古怪、不可思议的传说。但对他的确切情况，我们知之甚少。我们知道的足以证明他是一位英格兰勇士。在林肯郡，"警觉者"赫里沃德曾经拥有土地，但他逃离英格兰，具体时间和原因不明。丹麦舰队来到伊里时，"警觉者"赫里沃德似乎已经回到伊里并加入丹麦人和伊里当地人的联军。此时，由于彼得伯勒修道院院长布兰德去世，彼得伯勒修道院院长一职空缺。"征服者"威廉任命诺曼人图罗德担任彼得伯勒修道院院长。图罗德十分严厉，带领一群诺曼士兵前来占领彼得伯勒修道院，但"警觉者"赫里沃德抢先一步占领彼得伯勒修道院。为避免修道院的财产被用来帮助诺曼人，1070年6月1日，"警觉者"赫里沃德带着丹麦士兵和伊里本地人的武装洗劫了彼得伯勒修道院。丹麦士兵带着从彼得伯勒修道院掠夺的大量财物离开，但当丹麦士兵回国时，丹麦国王斯文二世驱逐了弟弟奥斯本，因为奥斯本接受了"征服者"威廉的贿赂，没有为英格兰做任何事。

"警觉者"赫里沃德

　　与此同时,"野人"埃德里克向"征服者"威廉屈服。这标志着"野人"埃德里克领导的一方土地的抵抗全部结束。然而,在英格兰东南部沼泽地区,叛乱仍然会发生。伊里修道院是抵抗运动的中心。这座修道院位于内陆的岛上,易守难攻。起初,当"征服者"威廉的士兵从四面八方蜂拥而来时,哈罗德·戈德温森任命的修道院院长瑟斯坦和修道院的僧侣们热忱爱国。整个1070年冬和1071年大部分时间,伊里修道院院长瑟斯坦和修道院内的僧侣都在坚守。1071年春,麦西亚伯爵埃德温和莫卡离开"征服者"威廉的王宫。据说,他们担心"征服者"威廉将自己囚禁。麦西亚伯爵埃德温想前往苏格兰,但途中被自己人或诺曼人出卖杀害。莫卡来到伊里,帮助当地民众保卫伊里修道院。另外,其他一些反抗"征服者"威廉的首领也来到伊里修道院。不过,"警觉者"

赫里沃德是伊里反叛军的精神领袖。关于"警觉者"赫里沃德的功绩,有许多传说,但对他这次立下的战功,人们毫不怀疑。"征服者"威廉率军从四面八方攻击伊里岛,战斗持续数月。其间,被丹麦人释放的威廉·马利特被杀。最终,1071年10月,伊里岛守军投降。有人说伊里岛上的僧侣成了叛徒,因为"征服者"威廉占领了僧侣们在伊里岛外的土地。还有人说莫卡和其他首领胆怯了。无论如何,战斗结束,"征服者"威廉占领伊里岛,并且在伊里岛修建城堡。另外,"征服者"威廉向伊里修道院处以罚金,并且将莫卡和其他人关进监狱。只有"警觉者"赫里沃德没有屈服。最后,"警觉者"赫里沃德乘船逃走了。关于"警觉者"赫里沃德的结局,人们有几种说法,但他很有可能成为"征服者"威廉的宠臣,甚至后来为"征服者"威廉征战不列颠岛出力。也有人说,"警觉者"赫里沃德被一群诺曼人杀死,但这群诺曼人没有得到"征服者"威廉的任何命令。据说,"警觉者"赫里沃德一人对抗许多诺曼人,死得很勇敢。

1071年,"征服者"威廉完全占领整个英格兰,并且镇压了所有对他的抵抗。实际上,黑斯廷斯战役只为"征服者"威廉赢得英格兰东南部,但它为"征服者"威廉在1066年年底前加冕提供了很大便利。1067年,"征服者"威廉没有征服其他地方。当时,除了肯特郡和赫里福德郡,英格兰西部和北部依然没有归顺"征服者"威廉,其他臣服"征服者"威廉的地方没有再发生战事。接下来的两年,即1068年到1069年,是英格兰真正被征服的时期。1068年上半年,"征服者"威廉征服了英格兰西部。1068年下半年,"征服者"威廉征服了英格兰中部和北部地区,最终他征服的地方一直延伸到约克郡。当时,英格兰最北部和西北部仍然没有归顺"征服者"威廉。1069年,"征服者"威廉试图征服达勒姆,但引发约克的两次起义。1068年晚些时候,英格兰北部和英格兰西部再次武装起来,丹麦舰队来到英格兰,但这些起义一个个被镇压。1069年到1070年冬季的战役,"征服者"威廉征服了英格兰还没有臣服自己的地区。最终,他占领了切斯特。1070年年初,整个英格兰第一次完全控制在"征服者"威廉手中。于是,不需征战的"征服者"威廉将心思放在他计划

"警觉者"赫里沃德对抗诺曼人

中更和平的事务中,即通过任命外籍主教征服英格兰教会。1070年夏起,英格兰东南部沼泽地区的起义和伊里岛的反抗一直持续到1071年秋。此后,"征服者"威廉成为无可争议的整个英格兰的国王。英格兰不再发生全国性抵抗运动。事实上,英格兰大部分地方没有发生叛乱。虽然不列颠岛仍然有战事发生,但在这些军事行动中,"征服者"威廉以国王的身份为英格兰而战。随后,英格兰内部发生了一次大规模叛乱,但这场叛乱不是英格兰普通民众参与的叛乱。平定内乱战争结束后,"征服者"威廉完成征服英格兰的行动。现在,我们需要看看，声称通过法律，实际上通过率领诺曼军队入侵英格兰获得英格兰王位的"征服者"威廉如何统治英格兰。"征服者"威廉的统治既不同于依法继承英格兰王位的国王的统治，也不同于没有找任何借口获得英格兰王位的纯粹入侵者的统治。

第11章
"征服者"威廉的后期战争

精彩看点

威尔士的事务——与苏格兰的第一次战争——爱尔兰的事务——与诺森伯兰相关的事务——曼恩的战事——"征服者"威廉的对手——伯爵们的叛乱——诺森伯兰伯爵瓦尔塞奥夫之死——罗贝尔·科索斯的反叛——佛兰德斯的玛蒂尔达去世——威廉·瓦尔歇主教去世——丹麦国王克努特四世驾崩——总结

此时，"征服者"威廉是整个英格兰的国王，但他还没有获得以前英格兰国王的同等权力统治整个不列颠。"征服者"威廉的目标是既赢得整个不列颠，又统治英格兰王国。显然，苏格兰人和威尔士人不愿意"征服者"威廉获得更大的权力。另外，英格兰与威尔士和苏格兰的边境地区经常爆发战争。"征服者"威廉将对付威尔士之事交给手下的伯爵们，而且"征服者"威廉只在英格兰边境地区和沿海地区设立伯爵领地。除了巴约的奥多和赫里福德伯爵威廉·菲茨奥斯本，为保卫英格兰北部边界免受苏格兰方面侵扰，"征服者"威廉封格斯帕特瑞克为诺森伯兰伯爵。另外，拉尔夫·德·盖尔保卫英格兰东部沿海免受丹麦方面的侵扰。不过，"征服者"威廉没有指派任何人继承埃德温伯爵和莫卡，而是将埃德温伯爵的伯爵领地分给两个诺曼人：罗杰·德·蒙哥马利成为什鲁斯伯里伯爵，休·达夫郎什成为切斯特伯爵。什鲁斯伯里伯爵罗杰·德·蒙哥马利和切斯特伯爵休·达夫郎什的职责是与赫里福德伯爵威廉·菲茨奥斯本一道抵挡威尔士人的进军。这几位伯爵从"征服者"威廉那里获得大量领地和特权，特别是切斯特伯爵休·达夫郎什，他更像一位诸侯贵族，而不是普通伯爵。这几位伯爵与威尔士人打了很多仗，并且占领了威尔士人的大量土地，建造了多座城堡。什鲁斯伯里伯爵罗杰·德·蒙哥马利特别建造了一座城堡，并且以他在诺曼底的城堡命名为蒙哥马利。后来，英格兰还有一座小镇和一个郡以蒙哥马利命名。威尔士的贵族之间发生内讧，威尔士的贵族们愚蠢至极，甚至纷纷找诺曼人为自己帮忙对抗对手。因此，英格兰的边界又向威尔士方向延伸。据说，1081年，"征服者"威廉前往圣彼得朝圣。与此同时，在加的夫，"征服者"威廉修造了一座城堡。英格兰边界地区的三位伯爵赫里福德伯爵威廉·菲茨奥斯本、什鲁斯伯里伯爵罗杰·德·蒙哥马利和切斯特伯爵休·达夫郎什中，后两位比"征服者"威廉活的时间长。但1071年，赫里福德伯爵威廉·菲茨奥斯本离开英格兰，娶了埃诺女伯爵瑞希尔蒂斯。但赫里福德伯爵威廉·菲茨奥斯本在佛兰德斯被杀，其子赫里福德伯爵罗杰·德·布勒特伊继承其伯爵领地切斯特。接下来，我们立即要说到赫里福德伯爵罗杰·德·布勒特伊。

苏格兰国王马尔科姆三世曾经一直是英格兰民众的朋友，至少他承诺向英格兰民众提供帮助。事实上，他为所有英格兰流亡者提供庇护。但英格兰被"征服者"威廉征服后，英格兰王国似乎成为苏格兰国王马尔科姆三世的对手。1070年，苏格兰国王马尔科姆三世率军入侵诺森伯兰，残酷掠夺当地，并且摧毁诺曼人留下的少量房屋。然而，当"显贵者"埃德加及其妹妹再次来苏格兰寻求庇护时，苏格兰国王马尔科姆三世以礼相待，收留了"显贵者"埃德加及其亲属。不久，苏格兰国王马尔科姆娶了"显贵者"埃德加的妹妹玛格丽特。在苏格兰历史中，苏格兰国王马尔科姆三世与玛格丽特联姻具有重大意义，因为玛格丽特将英格兰式的生活方式带到苏格兰，并且改革苏格兰的生活方式。因此，善良的玛格丽特被称作圣玛格丽特。此后，在以英格兰人为主的苏格兰领土上，即洛锡安伯爵领地和苏格兰部分地区，如法夫，英格兰式的生活方式开始占据主导地位，并且比苏格兰式的生活方式更具优势。另外，苏格兰国王马尔科姆三世与玛格丽特联姻无疑使"征服者"威廉更将马尔科姆三世看作对手，但此时，"征服者"威廉还不能为自己复仇。1071年的大部分时间，"征服者"威廉忙于伊里岛战事。1072年，诺曼底需要"征服者"威廉返回处理相关事务，因为佛兰德斯方面使诺曼底处在危险中。1072年8月，"征服者"威廉开

马尔科姆三世与玛格丽特

始从海路和陆路进攻苏格兰。值得注意的是，赫里福德郡的英雄"野人"埃德里克和"征服者"威廉一起出征。现在，我们完全可以相信"征服者"威廉开始真正统治整个英格兰。与此同时，英格兰人做好充分准备与"征服者"威廉一起出征苏格兰，特别是在苏格兰国王马尔科姆三世入侵英格兰后。然而，英格兰方面与苏格兰方面并未爆发军事冲突，因为苏格兰国王马尔科姆三世来到阿伯内西觐见"征服者"威廉并向他称臣。"不屈者"爱德华以后，英格兰不再有苏格兰人做国王。于是，"征服者"威廉不仅赢得整个英格兰王国，更像他以前的英格兰国王那样，赢得了不列颠的统治权。

事实上，我们有理由相信"征服者"威廉也在寻求不列颠岛以外的统治权。这是以前的英格兰国王从来没有谋求过的权力。英格兰的编年史写道，"征服者"威廉如果能再活两年，那么必定通过自己的智慧，而不是战争手段，赢得爱尔兰。我们不知道会发生什么，但可以肯定的是，虽然"征服者"威廉没有统治爱尔兰，但在他统治时期，英格兰和爱尔兰的关系越来越紧密，无论是与定居在爱尔兰的丹麦人还是爱尔兰当地人的关系都更紧密。这表现在爱尔兰主教来到英格兰接受兰弗朗克祝圣，并且说明英格兰在不列颠宗教事务上的控制权发展到对世俗事务的控制权上。

值得注意的是，从苏格兰回来时，"征服者"威廉确认了达勒姆主教一职的特权。"征服者"威廉刚刚任命来自下洛林的威廉·瓦尔歇担任达勒姆主教。与切斯特伯爵一样，达勒姆主教渐渐拥有巨大的世俗权力。如果英格兰的所有伯爵和主教都像切斯特伯爵和达勒姆主教那样拥有巨大权力，那么英格兰王国可能会像神圣罗马帝国一样分崩离析。另外，"征服者"威廉还剥夺格斯帕特瑞克的诺森伯兰伯爵爵位，并且将诺森伯兰伯爵领地交给已经拥有北安普顿和亨廷登的诺森伯兰伯爵瓦尔塞奥夫。诺森伯兰伯爵瓦尔塞奥夫是威廉·瓦尔歇的密友，但刚开始管理诺森伯兰伯爵领地时，诺森伯兰伯爵瓦尔塞奥夫犯下一桩重罪，杀死了曾在攻打约克时帮助过他的卡尔的儿子们。卡尔是英格兰北方的首领，曾杀死诺森伯兰伯爵瓦尔塞奥夫的爷爷埃尔德雷德。在苏格兰,这是常见的致命世仇。格斯帕特瑞克前往苏格兰,苏格兰国王马尔科姆三世将土地分给格斯帕特瑞克。格斯帕特瑞克或许接受了苏格兰的土地,或许后来又接受了英格兰的土地,其后代仍然是英格兰北部的首领。格斯帕特瑞克的儿子卡莱尔的多尔芬似乎接受了苏格兰国王马尔科姆三世分封给他的坎伯兰的一小块土地,即卡莱尔附近的土地。当时,卡莱尔还不是英格兰国土。

接下来,"征服者"威廉回到诺曼底公国作战。此时,他1063年占领的曼恩开始出现反抗他的行动。起初,曼恩民众选择米兰侯爵阿尔贝·阿佐二世的儿子曼恩伯爵于格五世,因为曼恩伯爵于格五世的母亲格森迪斯是上一代曼恩伯爵埃伯尔二世的妹妹。但格森迪斯及其丈夫米兰侯爵阿尔贝·阿佐二世和儿子曼恩伯爵于格五世与勒芒百姓对与"征服者"威廉的战事意见不一。于是,曼恩民众展开密谈。他们认为,勒芒应该是自由城市,他们应该像埃克塞

曼恩伯爵于格五世

特民众那样为自己争取自由。于是，所有曼恩民众加入勒芒市民的行列，但他们被贵族出卖。因此，勒芒的结局和埃克塞特的结局一样。1073年，"征服者"威廉带领一大群英格兰人渡过英吉利海峡征服曼恩。我们有理由相信这群英格兰人中有赫里沃德。这令人感到遗憾，因为此时，一个曾在自己的土地上为自由抗争的人竟然前去剥夺另一个地方的自由。但我们可以肯定，当时，在任何地方，英格兰人很乐意与说法语的人作战。"征服者"威廉带领这支军队将曼恩夷为平地。最终，曼恩的起义者向"征服者"威廉投降。与以往一样，"征服者"威廉安抚了曼恩民众。勒芒丧失了刚获得的自由，但保留了所有旧的权利和习俗。接着，"征服者"威廉与安茹伯爵富尔克四世讲和。安茹伯爵富尔克四世曾声称对曼恩拥有主权。因此，"征服者"威廉的长子罗贝尔·科索斯需要效忠安茹伯爵富尔克四世。这样，十年后，即1073年，"征服者"威廉再次赢得曼恩。

"征服者"威廉统治后期，他大部分时间都没在英格兰度过。法兰西国王腓力一世和佛兰德斯伯爵罗伯特一世是"征服者"威廉的主要对手。由于佛兰德斯伯爵罗伯特一世的女儿嫁给丹麦国王克努特四世，所以"征服者"威廉的两个对手法兰西国王腓力一世和佛兰德斯伯爵罗伯特一世结成更紧密的联盟。但最奇怪的是，一位德意志作家说，1074年，"征服者"威廉肯定考虑出征德意志，并且希望在亚琛加冕。另一位德意志作家的说法完全相反，他说后来成为神圣罗马帝国皇帝的德意志国王亨利四世派人邀请"征服者"威廉帮助对付自己的对手。无论如何，这些故事表明"征服者"威廉是家喻户晓的人物。法兰西国王腓力一世和佛兰德斯伯爵罗伯特一世打算做一件事，这将引发"征服者"威廉的愤怒。法兰西国王腓力一世和佛兰德斯伯爵罗伯特一世将"显贵者"埃德加安置在位于诺曼底和佛兰德斯之间的蒙特勒伊。"显贵者"埃德加能聚集英格兰流亡者、法兰西人、佛兰德斯人，各路志愿兵及雇佣军骚扰诺曼底边境地区。"显贵者"埃德加及其妹妹玛格丽特王后正在苏格兰。"显贵者"埃德加准备出发前往法兰西，但由于暴风雨，"显贵者"埃德加折返回到苏格

佛兰德斯伯爵罗伯特一世

兰。后来,"征服者"威廉明白,最好的解决办法是争取"显贵者"埃德加支持自己。于是,"征服者"威廉派人将"显贵者"埃德加请到诺曼底,并且以礼相待。随后,在"征服者"威廉的王宫,"显贵者"埃德加待了很多年。

与此同时,英格兰爆发了一场起义。与伊里的起义不同,这次起义不是英格兰人对抗诺曼入侵者的起义,而是几位大人物为自身的利益策划的起义。

赫里福德伯爵罗杰·德·布勒特伊违抗"征服者"威廉的命令将自己的妹妹嫁给拉尔夫·德·盖尔。更过分的是，在婚礼上，赫里福德伯爵罗杰·德·布勒特伊和拉尔夫·德·盖尔竟讨论如何叛国，并且密谋如何杀了"征服者"威廉后瓜分英格兰。当时，诺森伯兰伯爵瓦尔塞奥夫也在场，但我们不知道他是否同意赫里福德伯爵罗杰·德·布勒特伊和拉尔夫·德·盖尔的计谋。总体来看，诺森伯兰伯爵瓦尔塞奥夫很有可能开始同意起义并发誓。然后，他感到后悔并退出起义。诺森伯兰伯爵瓦尔塞奥夫向坎特伯雷大主教兰弗朗克坦白此事。兰弗朗克让诺森伯兰伯爵瓦尔塞奥夫将密谋一事告诉"征服者"威廉。于是，诺森伯兰伯爵瓦尔塞奥夫前往诺曼底坦白了密谋一事。"征服者"威廉亲切接待了诺森伯兰伯爵瓦尔塞奥夫并将他留在身边。与此同时，赫里福德伯爵罗杰·德·布勒特伊和拉尔夫·德·盖尔公开起义，但除了一些雇佣兵和依附于拉尔夫·德·盖尔的布列塔尼士兵，他们找不到任何支援自己的力量。拉尔夫·德·盖尔进一步与丹麦国王斯文二世结盟，要求丹麦王国派一支舰队支援自己。想为"显贵者"埃德加和斯文二世而战的英格兰民众可能觉得这次起义不会有什么好结果。因此，英格兰民众反过来帮助"征服者"威廉对抗起义的伯爵。伍尔夫斯坦和伊夫舍姆修道院院长埃塞尔威格阻止了赫里福德伯爵罗杰·德·布勒特伊的行动，巴约的奥多和库唐斯主教若弗鲁瓦·德·蒙布雷对抗拉尔夫·德·盖尔。于是，拉尔夫·德·盖尔逃到丹麦，拉尔夫·德·盖尔的妻子诺福克伯爵夫人埃玛·德·加德留下保卫诺里奇城堡。最终，克努特四世带领丹麦军队来到英格兰。他们乘船来到约克。不过，除了劫掠教堂，丹麦军队没做什么。最终，诺里奇城堡守军向"征服者"威廉投降，这次起义被彻底镇压，参与起义者受到各种各样的惩罚，但没人被处以死刑。

拉尔夫·德·盖尔逃跑了，但其结局比开始叛变时好，因为拉尔夫·德·盖尔及其妻子诺福克伯爵夫人埃玛·德·加德参加十字军运动，并且死在回来的路上。赫里福德伯爵罗杰·德·布勒特伊被关进监狱。有人说他在狱中度过余生。诺森伯兰伯爵瓦尔塞奥夫，如果他犯过什么罪，那么他犯的罪比拉尔夫·德·盖尔和赫里福德伯爵罗杰·德·布勒特伊犯的罪轻。诺森伯兰伯爵瓦尔塞奥夫留在"征服者"威廉身边,似乎获得"征服者"威廉的宠信。诺森伯兰伯爵瓦尔塞奥夫和"征服者"威廉一起回到英格兰。不久,诺森伯兰伯爵瓦尔塞奥夫被关进监狱。在集会中,诺森伯兰伯爵瓦尔塞奥夫两次遭到审讯。1076年圣灵降临节的第二次审讯中,诺森伯兰伯爵瓦尔塞奥夫被判死刑。最终,1076年5月31日,在温切斯特的一座山上,诺森伯兰伯爵瓦尔塞奥夫被处死。他是"征服者"威廉在位期间除战争原因外,唯一一位处死的人。奇怪的是,"征服者"威廉一次次原谅包括诺森伯兰伯爵瓦尔塞奥夫在内的对手。最终,他如此严厉地处决了诺森伯兰伯爵瓦尔塞奥夫,但对赫里福德伯爵罗杰·德·布勒特伊和其他犯更重罪行的人,他没有如此严厉地惩罚。据说,诺

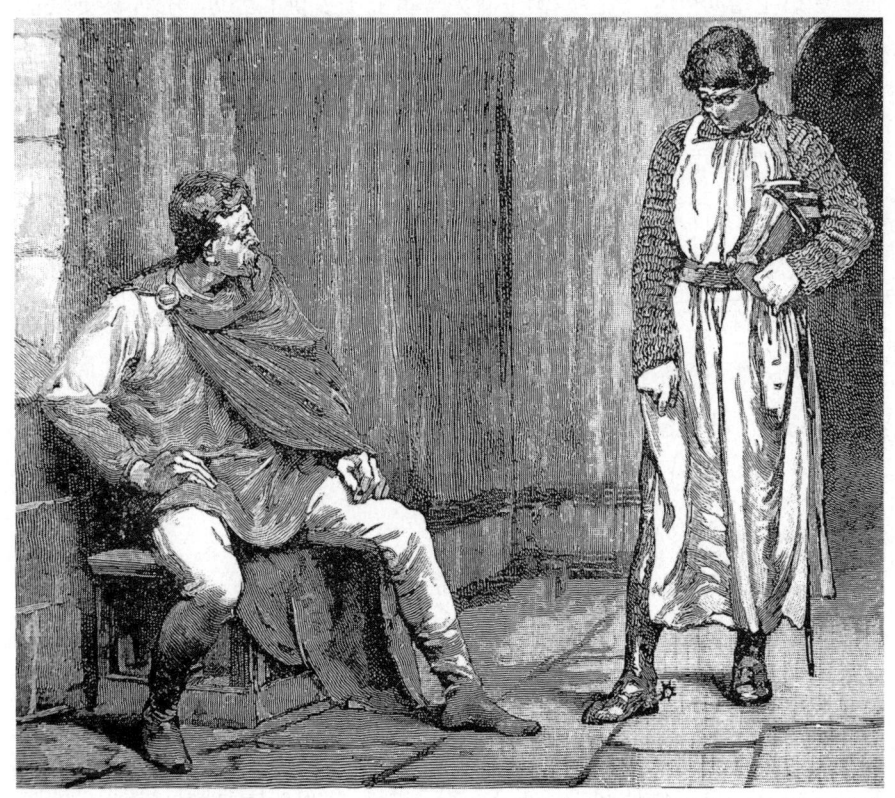

在一次审讯中,诺森伯兰伯爵瓦尔塞奥夫承认参与了起义

森伯兰伯爵瓦尔塞奥夫与包括妻子朱迪思在内的很多诺曼人为敌。诺森伯兰伯爵瓦尔塞奥夫在诺森伯兰的伯爵领地被赐予他的朋友达勒姆主教威廉·瓦尔歇。英格兰民众视诺森伯兰伯爵瓦尔塞奥夫为圣人和殉道者，相信他在克罗兰的墓发生过很多奇迹。英格兰民众普遍认为诺森伯兰伯爵瓦尔塞奥夫去世后，"征服者"威廉的好运开始渐渐消失。

1076年，"征服者"威廉第一次遭遇失败。我们不知道这次失败是否与诺森伯兰伯爵瓦尔塞奥夫的死有关。"征服者"威廉率军包围了布列塔尼的多尔，但不知为什么这次行动失败了。最终，"征服者"威廉不得不离开多尔。随后，对"征服者"威廉，其长子罗贝尔·科索斯十分不满，因为"征服者"威廉拒绝给罗贝尔·科索斯分封领地。于是，罗贝尔·科索斯出走，希望找到欧洲其他一些君主帮助自己。法兰西国王腓力一世的确提供了帮助。另外，诺曼底的一些年轻贵族也加入罗贝尔·科索斯的行列。1079年，法兰西国王腓力一世将罗贝尔·科索斯安置在热尔伯鲁瓦的城堡内。于是，"征服者"威廉率军前来围攻。在一次突袭中，罗贝尔·科索斯打倒父亲"征服者"威廉。一个叫托科格的英格兰人救了"征服者"威廉。托科格是沃灵福德的维格德的儿子。最终，"征服者"威廉没能占领热尔伯鲁瓦，人们劝他与罗贝尔·科索斯和解。此时，苏格兰国王马尔科姆三世向诺森伯兰发动了一次可怕的袭击。1080年，罗贝尔·科索斯被派去惩罚苏格兰国王马尔科姆三世，但他什么都没做，只是在返回的路上在泰恩河河畔修建了一座新城堡，得名纽卡斯尔。后来，罗贝尔·科索斯再次与父亲"征服者"威廉吵架，并且前往法兰西。"征服者"威廉在世期间，罗贝尔·科索斯再也没有回到英格兰。

"征服者"威廉与佛兰德斯的玛蒂尔达一直生活恩爱、互相信任。直到"征服者"威廉与罗贝尔·科索斯争吵后，"征服者"威廉与佛兰德斯的玛蒂尔达发生第一次争执，因为佛兰德斯的玛蒂尔达违抗"征服者"威廉的命令，在罗贝尔·科索斯被放逐期间，佛兰德斯的玛蒂尔达向罗贝尔·科索斯送礼物。不久，即1083年，佛兰德斯的玛蒂尔达去世。此前，在纽弗瑞斯特打猎时，"征服

托科格解救"征服者"威廉

者"威廉和佛兰德斯的玛蒂尔达的二儿子理查离奇去世。另外，在嫁给莱昂和卡斯蒂尔国王阿方索六世途中，"征服者"威廉和佛兰德斯的玛蒂尔达的另一个女儿阿加莎去世。但除了罗贝尔·科索斯，"征服者"威廉和佛兰德斯的玛蒂尔达的另两个儿子威廉·鲁弗斯和亨利还活着。"征服者"威廉和佛兰德斯的玛蒂尔达的一个女儿诺曼底的康斯坦丝嫁给布列塔尼伯爵阿朗四世，一个女

莱昂和卡斯蒂尔国王阿方索六世

布列塔尼伯爵阿朗四世

儿诺曼底的阿德拉嫁给沙特尔的布卢瓦伯爵斯蒂芬,还有一个女儿塞西莉是位修女。佛兰德斯的玛蒂尔达去世时,曼恩再次发生叛乱。1083年到1086年,为反抗"征服者"威廉的统治,于贝尔·德·博蒙-奥-曼恩占领圣苏珊娜城堡三年。"征服者"威廉始终无法占领圣苏珊娜城堡。最终,他采取怀柔政策,接纳于贝尔·德·博蒙-奥-曼恩为宠臣。

征服英格兰后的几年内,"征服者"威廉多次经历内政的损耗和在欧洲大陆战争的失败,但他仍然牢牢控制英格兰。伯爵们叛乱后,英格兰没有再发生叛乱,只发生过一些地方层面的骚乱。由于犯错,达勒姆主教威廉·瓦尔歇丢掉性命。"征服者"威廉曾封威廉·瓦尔歇为诺森伯兰伯爵。达勒姆主教威廉·瓦尔歇是一位软弱的世俗统治者,但不是压迫者。他不是被指控做错事,而是没有惩罚做错事的人。达勒姆主教威廉·瓦尔歇有一些来自英格兰和国外的好朋友,但其朋友们胡作非为,并且最终谋杀了达勒姆主教威廉·瓦尔歇的另一位重要朋友,当时英格兰职位最高的英格兰人里格尔夫·基尔弗特森。但达勒姆主教威廉·瓦尔歇包庇自己的朋友,导致人们相信里格尔夫·基尔弗特森的死也与达勒姆主教威廉·瓦尔歇有关。达勒姆民众召开集会审判这一案子。里格尔夫·基尔弗特森领地上的居民出席这次集会,并且杀死达勒姆主教威廉·瓦尔歇及其跟随者。"征服者"威廉派巴约的奥多惩罚达勒姆主教威廉·瓦尔歇的朋友,但巴约的奥多收受威廉·瓦尔歇朋友的贿赂,杀了一些无辜的人,并且洗劫了达勒姆。这件事发生在1080年。当时,罗贝尔·科索斯被派去抵抗苏格兰军队。里格尔夫·基尔弗特森之死引发的起义不是反抗诺曼裔国王"征服者"威廉的起义,而是一次暴乱。如同"忏悔者"爱德华和哈罗德·戈德温森统治时期发生的事一样,如果伯爵犯了相同的错误,那么暴乱会发生。

1075年的伯爵叛乱后,除了苏格兰国王马尔科姆三世的突袭,英格兰没有再发生战争。但在"征服者"威廉统治的最后几年,丹麦国王克努特四世发起强势进攻。克努特四世一直没有放弃征服或进攻英格兰的想法,并且曾两次率军从海上来到亨伯河。成为丹麦国王后,克努特四世做了充分的准备。克努特四世的岳父佛兰德斯伯爵罗伯特一世,挪威国王"无情者"哈拉尔的儿子奥拉夫三世加入克努特四世征服英格兰的军队中。1085年,克努特四世召集了一支强大的舰队。对此,"征服者"威廉召集一大群雇佣兵守卫英格兰。然而,克努特四世与哥哥奥拉夫二世发生争执。1086年,在一座教堂内,克努特四世被自

克努特四世被杀

己人杀害。随后,人们将克努特四世称为圣徒和殉道者。最终,"征服者"威廉解除来自丹麦方面的威胁。

我们已经看到,"征服者"威廉逐渐征服整个英格兰,并且继续维护英格兰的古老王权在不列颠其他地方的统治。然而,与以前的英格兰国王一样,"征服者"威廉没能更好维护英格兰与威尔士及苏格兰边境地区的和平。在威尔士,"征服者"威廉手下的伯爵们的权力得到扩展。苏格兰国王马尔科姆三世虽然成为"征服者"威廉的臣民,但仍然是"征服者"威廉的一位危险的对手。伊里归顺"征服者"威廉后,英格兰再没有发生起义。实际上,英格兰民众通常不喜欢造反的伯爵,而达勒姆主教威廉·瓦尔歇身亡只是一次暴乱而不是起义。总体上说,在"征服者"威廉的统治下,英格兰处于和平状态。"征服者"威廉在英格兰海外的曼恩领地再次爆发起义,但起义再次被"征服者"威廉镇压。但在平定曼恩的伟大成功后,英格兰又发生几次小规模战役。于是,"征服者"威廉的好运结束。克努特四世再次进攻英格兰,但克努特四世的充分准备也没获得任何结果。"征服者"威廉也遇到一些麻烦。其中,"征服者"威廉的一个儿子罗贝尔·科索斯造反,妻子佛兰德斯的玛蒂尔达和另一个儿子理查去世。与此同时,人们见证了诺森伯兰伯爵瓦尔塞奥夫被判处死刑。

第12章
"征服者"威廉如何统治英格兰

精彩看点

"征服者"威廉的统治——"征服者"威廉的法律——教会的变化——新主教和修道院院长——"征服者"威廉和教皇格列高利七世——囚禁巴约的奥多——纽弗瑞斯特——大调查——宣誓效忠——最后一项赋税

现在，我们已经看到诺曼底公爵威廉如何赢得英格兰并统治英格兰。开始真正统治英格兰后，"征服者"威廉几乎没有受到英格兰国内叛乱和国外进攻的干扰。或许有人会问，"征服者"威廉统治英格兰的本质是什么？答案正如开始我们说的，"征服者"威廉的统治既不同于合法的本国国王的统治，也不同于一位没有任何权力的国外征服者的统治。"征服者"威廉不是一位恣意妄为的压迫者。无疑，他希望竭尽全力将英格兰治理好。为更好履行英格兰国王的职责，"征服者"威廉甚至学习英语，并且声明按照"忏悔者"爱德华颁布的法律统治英格兰，要像"忏悔者"爱德华那样合理公正地统治英格兰。事实上，"征服者"威廉对英格兰以前的法律没有做太大改变。"征服者"威廉开始统治时期，英格兰的法律大多循序渐进地变化。因为当时，英格兰的状况发生很大变化，所以统治方式的变化不可避免。由于国王"征服者"威廉来自诺曼底，并且英格兰大部分财产和官职都落入外邦人手中，所以英格兰的法律虽然没有变，但其运作方式不可能与以前一样。"征服者"威廉统治末期，几乎没有英格兰人拥有大量财产。英格兰境内，没有伯爵是英格兰人，并且只有一位主教是英格兰人。实际上，"征服者"威廉的统治比以前任何一位英格兰国王的统治更牢固。另外，"征服者"威廉更有能力执行法律，并且十分严格地执行了法律。英格兰作家赞颂"征服者"威廉为英格兰创造美好的和平，严惩犯罪分子。由于"征服者"威廉统治带来的好处，英格兰民众原谅了"征服者"威廉统治不好的地方。实际上，英格兰民众抱怨"征服者"威廉统治不好的地方是他贪得无厌，征收重税。英格兰民众认为征收重税是不对的。无疑，人们的看法是真实的，但我们要记住，当时，征收重税是件新鲜事。另外，在任何时代，没人愿意自己的钱被他人拿走。

"征服者"威廉确实颁布了一些新法律。在御前大会议中，新法律被庄严颁布。但这些会议逐渐从英格兰人的会议变成诺曼人的会议。通过"征服者"威廉说的有利于英格兰人的变革，他更新了"忏悔者"爱德华颁布的法律。有些变革只是暂时的，但英格兰人和法兰西人存在巨大差异。法兰西人通常包括征服英格兰时期，"征服者"威廉带来的诺曼人和其他说法语的人。在"忏悔者"爱德华统治时期已经定居英格兰的法兰西人被看作英格兰人。英格兰人和诺曼人都希望和平相处，但总有诺曼人被秘密杀害。因此，"征服者"威廉制定了一部特殊的法律保护诺曼人，即诺曼人被杀后，如果找不到凶手，那么一百名英格兰人代罚。当时，每个民族都保留各自的法律。在有疑义的案件中，无论英格兰人还是诺曼人，都会依靠神的审判判决。诺曼人通过搏斗，英格兰人通过烧红铁，寻求真相。"征服者"威廉允许这两种判决方式存在，并且命令保留各民族的习俗。因为一些英格兰人被卖到爱尔兰，所以"征服者"威廉禁止买卖奴隶。以前，英格兰国王曾禁止买卖奴隶，但"征服者"威廉没能完全禁止买卖奴隶。由于"征服者"威廉禁止使用死刑，所以罪犯可能致盲或致残，但不会通过绞刑或其他方式被处死。"征服者"威廉严格遵守这条规定，只有诺森伯兰伯爵瓦尔塞奥夫被处死是个例外。1086年，"征服者"威廉统治末期，在索尔兹伯里的一次集会中，"征服者"威廉颁布了一部十分重要的法律，即英格兰王国内每位臣民，无论其领主是谁，也无论其是否违背自己的领主，都必须宣誓在一切事务中效忠英格兰国王。我们即将看到这部法律有多么伟大。

"征服者"威廉颁布的另一部法律涉及教会事务。直到"征服者"威廉统治时期，依照英格兰的习俗，无论民事事务还是宗教事务，都需要在全英格或各郡的集会解决，并且最终由伯爵和主教一起裁决。此时，"征服者"威廉下令为宗教事务、主教设立独立法庭。在"征服者"威廉的整个统治时期，坎特伯雷大主教兰弗朗克举行过多次神职人员宗教会议。这些会议有别于全英格兰的一般性会议。在神职人员宗教会议中，大量主教和修道院院长遭到免职，许多教规被制定出来。当时，教皇格列高利七世试图禁止各地神职人员结婚。然而，英格兰的世俗神职人员通常都会结婚，教士也可以结婚。坎特伯雷大主教兰弗朗克甚至规定已婚的教士不能保留妻子。不过，教区神父可以保留妻子，但未婚的教区神父不能再结婚，已经结婚的教区神父不能授以圣职。坎特伯雷大主教兰弗朗克是位僧侣，也是僧侣的支持者。为了履行誓言，"征服者"威廉命人修建新的修道院。最重要的是，"征服者"威廉的战争修道院建在森拉克山上，其圣坛在哈罗德·戈德温森的军旗下。僧侣们被安置在世俗神父曾经居住的教堂内。从总体上来说，"征服者"威廉和坎特伯雷大主教兰弗朗克的教会管理政策倾向于让神职人员更有学问，更严格地遵守戒律。然而，实现这一愿望需要将外邦人安置在英格兰及其教会的要职上。

我们已经说过，英格兰籍的主教或修道院院长一旦去世或以任何借口被免职，外邦人就会接替空缺的职位，通常成为修道院院长。一些外籍修道院院长粗鲁暴躁，看不起英格兰修士，如我们已经听说的严厉的彼得伯勒修道院院长图罗德、圣奥尔本修道院院长保罗。圣奥尔本修道院院长保罗曾经嘲笑历任修道院的院长并拆掉了他们的墓。另外，格拉斯顿伯里修道院院长瑟斯坦做过类似的事。当僧侣们拒绝采用新的形式举行宗教仪式时，他命令士兵进入教堂，杀死几位僧侣。因此，"征服者"威廉废黜了瑟斯坦的修道院院长一职。但"征服者"威廉的高级神职人员没有做过类似的事。实际上，大部分主教兢兢业业。他们修建教堂，改革教区事务。其中，一些高级神职人员服从坎特伯雷大主教兰弗朗克的教规，并且将其主教驻地从小城镇迁到大都市。譬如，利奇菲尔德教区主教驻地搬到切斯特——后来搬到考文垂，埃尔哈姆教区主教驻地搬到塞特福德——后来搬到诺里奇，舍伯恩教区主教驻地搬到索尔兹伯里，多切斯特教区主教驻地搬到林肯。"征服者"威廉驾崩后,韦尔斯教区主教驻地搬到巴斯。一些新来的高级神职人员与他们的英格兰邻居相处得很好。一份文件提到伍斯特主教伍尔夫斯坦和他手下的僧侣与一些诺曼裔和英格兰籍修道院院长及他们手下的僧侣结成精神上的兄弟情谊。此外,伍尔夫斯坦还做了一件好事。起初,"征服者"威廉禁止买卖奴隶规定的执行并不比以前英格兰国王执行得更好。当时,布里斯托人继续向爱尔兰贩卖英格兰奴隶。布里斯托属于伍尔夫斯坦管理的教区。因此,伍尔夫斯坦多次向布里斯托人布道,讲述他们犯下的大罪,直到布里斯托人不再犯罪。至少有段时间,布里斯托的确人不再犯罪。

"征服者"威廉虽然帮助坎特伯雷大主教兰弗朗克开展各项改革,但丝毫不会放弃自己在宗教事务方面的权力。"征服者"威廉希望与以前的国王一样掌握宗教权力。英格兰国王和诺曼底公爵授权主教和修道院院长,并且向他们发戒指、权杖和徽章。希尔德布兰德特别支持"征服者"威廉攻打英格兰。后来,希尔德布兰德成为著名的教皇格列高利七世,并且用尽手段从其他君主处获得教会事务的权力。但关于英格兰教会事务的权力,教皇格列高利七世对"征服者"威廉只字未提。"征服者"威廉及其继承者继续授权高级神职人员。一次,教皇格列高利七世向"征服者"威廉写信,要求定期向每家征收一便士圣彼得节奉金,并且英格兰国王应该成为罗马教皇的臣子。"征服者"威廉回复说自己会支付奉金,因为以前的英格兰国王就是这样做的。但由于以前的英格兰国王没有成为罗马教皇的臣子,所以他不会成为罗马教皇的臣子。我们必须注意,面对强大的教皇格列高利七世时"征服者"威廉捍卫英格兰王位的方式。"征服者"威廉将自己放在英格兰国王的位置上,并且将自己视作英格兰王位的合法继承者。以前英格兰国王怎样做他就怎样做,他没有要求更多权力。

"征服者"威廉的另一个行动表明,没有人拥有特权或恩惠阻碍他按照自己的意志行事,或者阻止他做任何在他看来对英格兰有益的事。譬如,"征服者"威廉的弟弟巴约的奥多的骄横和残暴令"征服者"威廉无法忍受。我们相信，当"征服者"威廉派巴约的奥多惩罚杀死达勒姆主教威廉·瓦尔歇的叛乱者时，在英格兰北部，巴约的奥多的所作所为令"征服者"威廉很不满。最终，1082年，巴约的奥多竟然幻想教皇格列高利七世去世后，自己将被任命为罗马教皇。在英格兰和诺曼底，巴约的奥多甚至组建了一支庞大的军队，准备出发前往罗马。当时，"征服者"威廉在诺曼底。他赶回英格兰，召开集会正式控诉弟弟巴约的奥多。"征服者"威廉说巴约的奥多的恶行令人忍无可忍，并且问英格兰的贤人会议对此有何建议。然而，贤人会议的所有成员都保持缄默。然后，"征服者"威廉说即使对自己的弟弟巴约的奥多，自己也应该秉公行义。于是，"征服者"威廉命令一位男爵抓捕巴约的奥多。当时，抓捕主教或任何神职人员是一件大事。因此，没人敢抓巴约的奥多。于是，"征服者"威廉亲自去抓弟弟巴约的奥多。巴约的奥多大喊逮捕主教是非法行为，只有教皇才有权审判自己。据说，坎特伯雷大主教兰弗朗克已经告诉"征服者"威廉如何应答。"征服者"威廉说他抓的不是巴约主教，而是肯特伯爵。因此，不管巴约主教命运如何，肯特伯爵被关进鲁昂的监狱。教皇格列高利七世恳求释放巴约的奥多，但"征服者"威廉决定将巴约的奥多关在监狱，一直到巴约的奥多死去。

只要不妨碍自己的计划，"征服者"威廉无疑会急于伸张正义。这使他与喜欢作恶的压迫者有很大不同。但我们看到，为实施自己的政策，"征服者"威廉做出十分可怕的事。过一段时间，为了寻欢作乐，"征服者"威廉又做一些不可怕的事。当时，几乎人人都喜欢打猎，"征服者"威廉特别喜欢打猎。为了打猎，在汉普郡，"征服者"威廉开拓了一片森林。这片森林离汉普郡首府温切斯特不远。八百年后，这片森林仍然叫新森林——纽弗瑞斯特。我们需要知道，当时，一片森林并不是指全部被树木覆盖的土地。当时，被称作"森林"的地方肯定是树木茂盛之处，但不是森林中所有地方都有树木。实际上，森林是一块专为狩猎开辟的荒芜土地，不受习惯法约束，而受一部专门的、更严格的森林法管理。"征服者"威廉下令严惩任何打扰自己打猎的人或动物。为修建或扩大纽弗瑞斯特,"征服者"威廉毫不犹豫将耕地变成一片荒野,夺走普通民众的土地,拆毁房屋和教堂。正如人们认为的,诺森伯兰伯爵瓦尔塞奥夫死后,"征服者"威廉的好运到头。他们认为纽弗瑞斯特为"征服者"威廉一家带来特别的诅咒。"征服者"威廉的三名家人,包括两个儿子理查和威廉·鲁弗斯,孙子罗伯特都以奇怪的方式死在纽弗瑞斯特。

在位期间,"征服者"威廉做了一件伟大的事。从这次的行动中,我们能获知的当时英格兰的信息远比从其他信息来源获得的信息多。这件事是1085年圣诞节时在格洛斯特举行的集会商讨后决定做的。英格兰的编年史记载在贤人会议上,"征服者"威廉发表了十分深刻的谈话。在法语中,深刻的谈话是"parlement"。这是后来,立法机构称作议会的来源。谈话结束后,"征服者"威廉向全英格兰派遣委员调查除达勒姆教区和诺森伯兰伯爵领地以外整个英格兰的土地。无论土地面积大小,委员们要记录每块土地归谁所有,当时价值几何,在"忏悔者"爱德华统治时期每块土地归谁所有,那时价值几何。所有调查结果记录在一本称作《末日审判书》的书中。目前,《末日审判书》保存在温切斯特。这是一份十分完善的记录,提供给我们当时英格兰的信息远比此前和此后很长一段时间内其他资料记录的英格兰的信息多。但《末日审判书》最重要之处是让我们看到英格兰的土地大规模从英格兰人手中转到诺曼人或其他外邦人手中。事实上,只有很小部分英格兰人像诺曼人那样拥有大量土地。但我们如果认为所有英格兰人都被逐出自己的家园,那么就大错特错了。大批英格兰人拥有自己的小块土地,或者拥有大块土地中的一小部分土地。大块土地或者由"征服者"威廉分封,或者属于"征服者"威廉宠信的英格兰人或诺曼人。无论诺曼人,还是英格兰人,如果对彼此的言行有异议,那么异议都会公正地记在《末日审判书》中,并且等待"征服者"威廉裁决。

与此同时,"征服者"威廉另一个同样重要的行动展开。土地大调查结束后,"征服者"威廉掌握了英格兰王国内土地的归属状况。1086年,在索尔兹

书写《末日审判书》

伯里,"征服者"威廉召集所有土地的主人,召开会议。在索尔兹伯里,所有与会者,无论其领主是谁,向"征服者"威廉宣誓成为其臣民。即"征服者"威廉下定决心铲除已经在其他国家滋生的恶行。在其他国家,人们通常认为一个人应该为自己的领主而战,即使对抗的是这位领主的上一级领主,如国王。因此,加洛林王朝、法兰西王国和一些皇帝控制的王国分裂成实际独立的公国。如果身为诺曼底公爵的"征服者"威廉手下的民众拒绝帮助他对抗法兰西国王,那么"征服者"威廉一定很吃惊。于是,"征服者"威廉希望确保至少在英格兰,这样的问题不会出现。因此,英格兰王国内的每位臣民首先要成为国王的臣民,服从国王,并且帮助国王对付所有其他人。当时,英格兰没有哪

第 12 章 "征服者"威廉如何统治英格兰 | 217

一部法律比这一项要求全体臣民服从国王的法律更重要。因此,"征服者"威廉来到英格兰为英格兰带来两种趋势,英格兰也变得更团结。一种趋势是"征服者"威廉的牢固统治及英格兰已经被征服的事实使英格兰更团结,另一种趋势是"征服者"威廉的追随者带来已经使其他王国四分五裂的新观念。在英格兰,这部明智的法律使第一种趋势占了上风。由于被诺曼人征服,英格兰更统一。自"征服者"威廉统治时期,没人想过分裂英格兰王国。

开展土地调查和向国王宣誓效忠几乎是"征服者"威廉在英格兰做的最后两件事。随后,他增加了另一项重税,即每一海得①土地征收六先令赋税。土地调查结束后,对纳税人来说,这项税更公平,也更容易征收。此时,人们叫苦不迭。这是一段悲惨又不寻常的时期。庄稼歉收,大火肆虐,饥荒不断,很多英格兰和诺曼的领主都死了。当时,英格兰和诺曼底的伟大统治者"征服者"威廉大限已到。

---

① 海得是英国土地计量单位,为一户人家一年可耕土地。——译者注

第13章

两位威廉

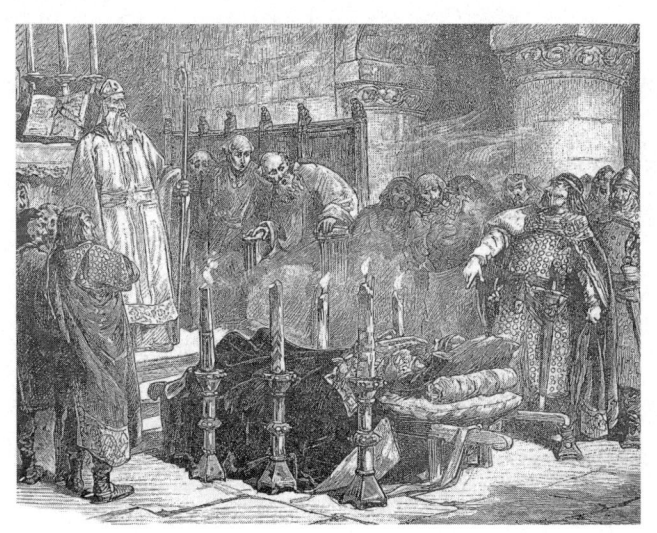

精彩看点

"征服者"威廉的最后一次战争——"征服者"威廉的最后一场病——"征服者"威廉驾崩及其葬礼——红胡子威廉——威廉·鲁弗斯继位——巴约的奥多的反叛——征服结束

"征服者"威廉离世的方式与他一生的伟大功绩完全不符。一直以来，鲁昂和巴黎之间的土地，即塞纳河和瓦兹河之间叫维科辛的地方，是诺曼底公国和法兰西王国的争议地区，并且边界争端一直存在。当时，人们抱怨法兰西的军事指挥官不断突袭芒特。许多诺曼人居住的芒特是维科辛的一座主要城邑。"征服者"威廉要求法兰西国王腓力一世放弃芒特和整个维科辛，但法兰西国王腓力一世只回复了一些嘲讽的话。当时，"征服者"威廉悄悄待在鲁昂，希望通过医疗手段减轻体重。法兰西国王腓力一世说英格兰国王"征服者"威廉躺着，"征服者"威廉的教堂内将举行盛大的烛光晚会。听到这些话后，"征服者"威廉勃然大怒，发誓说当他能起身时，他要为法兰西国王腓力一世点燃一万支蜡烛。1087年8月，"征服者"威廉有能力站起来。随即，他率军进入维科辛并洗劫了维科辛。1087年8月15日，"征服者"威廉到达芒特。进入芒特后，他命人放火烧了这座城。接着，"征服者"威廉骑马四处查看火情。后来，他的马踩在余火上绊了一下。"征服者"威廉撞在马鞍上，导致他头颅受伤并且休克。"征服者"威廉被抬到鲁昂，并且在鲁昂外面的圣杰维斯修道院养病。

　　在圣杰维斯修道院，"征服者"威廉卧床三个星期。诺曼底的主要高级教士前来看望他。其中，有些教士是熟练的医生，可以拯救"征服者"威廉的身

"征服者"威廉命人绕毁芒特

"征服者"威廉从马上跌下来

体和灵魂。不过，当看到"征服者"威廉没有活下去的希望，他们便告诉"征服者"威廉死亡将要来临。"征服者"威廉开始为死亡做准备，并且为自己的错误行为忏悔。这包括很久以前劫掠诺森伯兰的行为，以及前不久烧毁芒特的行为。"征服者"威廉捐钱弥补自己烧毁芒特的行为，还向英格兰的教堂和穷人捐钱。随后，"征服者"威廉确定英格兰王位的继承问题。他说，根据法律，诺曼底公爵必须由罗贝尔·科索斯继承。最终，罗贝尔·科索斯继任诺曼底公爵。"征服者"威廉似乎能预见罗贝尔·科索斯统治的诺曼底将面临怎样的灾难。对英格兰，"征服者"威廉说自己不敢下任何命令。不过，如果是上帝的旨意，那么他希望自己的第三子威廉·鲁弗斯继承英格兰王位。对此，"征服者"威廉还向坎特伯雷大主教兰弗朗克写了一封信。信的内容是坎特伯雷大主教兰弗朗克如果觉得合适，那么请为"征服者"威廉的儿子威廉·鲁弗斯加冕。对小儿子亨利，"征服者"威廉将积蓄中的五千英镑留给他。此时，罗贝尔·科索斯远在他方，"征服者"威廉的其他儿子死了。因此，威廉·鲁弗斯将照看英格兰王国，亨利照看"征服者"威廉的钱财。"征服者"威廉下令释放除弟弟巴约的奥多外的所有在押囚犯，不管这些囚犯是诺曼人还是英格兰人。"征服者"威廉说他不会释放巴约的奥多，因为巴约的奥多只会招来更多麻烦。但"征服者"威廉的弟弟莫尔坦伯爵罗贝尔及其他人苦苦哀求释放巴约的奥多。最终，"征服者"威廉违背自己的意愿释放了巴约的奥多。

  1087年9月9日，伟大的"征服者"威廉，英格兰的征服者驾崩。鲁昂陷入恐慌和混乱，因为为英格兰带来和平的人离世了，民众不知道该做什么。"征服者"威廉被赤身裸体地放着。最终，人们将他抬到卡昂，埋葬在他自己的教堂，即没有围墙的圣斯蒂芬教堂。葬礼仪式开始时，阿蒂尔的儿子阿瑟兰站出来说道，这座教堂建在他和他父亲的土地上，他不允许"征服者"威廉葬在这座教堂。然后，人们出钱买了那块墓地，并且把阿瑟兰失去的土地照价还给他。随后，"征服者"威廉下葬。在墓地上，人们建了一座雕刻精美饰物的神龛。但目前，这座神龛已经没了踪影。

"征服者"威廉驾崩

在"征服者"威廉的葬礼上,阿瑟兰站出来反对"征服者"威廉葬在这座教堂

"征服者"威廉下葬

将要继承"征服者"威廉王位的是其第三子威廉。在纽弗瑞斯特,"征服者"威廉的第二子理查去世。由于面色红润,威廉被叫作威廉·鲁弗斯或红胡子威廉。有时,他被叫作红毛王。威廉·鲁弗斯性格奇怪复杂。他继承了父亲"征服者"威廉的许多天赋,如勇敢、不受约束、谈吐风趣。他如果愿意,那么能成为一位善战的指挥官和英明的统治者。但威廉·鲁弗斯没有其父"征服者"威廉身上一丝伟大的品质。他亵渎神明、荒淫无度、鲁莽轻率、背信弃义、骄傲顽固,甚至不在乎自己行为产生的恶果。对自己的臣民,威廉·鲁弗斯不像某些君主那样残忍。当以骑士身份起誓时,威廉·鲁弗斯会忠实地信守承诺,因为当时,骑士精神开始产生,威廉·鲁弗斯是第一个公开表示信仰骑士精神的人。任何相信他慷慨大方的人都是安全的。与父亲"征服者"威廉不同,威廉·鲁弗斯对任何事情都没有稳步进取的目标。事实上,威廉·鲁弗斯总是做事有始无终。不可否认,威廉·鲁弗斯天赋异禀。如果威廉·鲁弗斯选择更好利用自己的天赋,那么他的统治就稳固了。然而,威廉·鲁弗斯给当时的民众留下很好的印象,因为没有哪位国王的个人故事像他那样被人传颂。

威廉·鲁弗斯似乎从未被正式选为英格兰国王。他带着父亲"征服者"威廉写给坎特伯雷大主教兰弗朗克的信跨海来到英格兰。1087年9月26日,在威斯敏斯特教堂,坎特伯雷大主教兰弗郎克为威廉·鲁弗斯加冕。没人反对威廉·鲁弗斯登上英格兰王位,所有人都向他鞠躬并宣誓效忠。但我们必须知道,威廉·鲁弗斯的哥哥罗贝尔·科索斯和弟弟亨利有话说。罗贝尔·科索斯是"征服者"威廉的长子,也是诺曼底公爵的继承者。希望英格兰王国和诺曼底公国由一位君主统治的诺曼底人希望罗贝尔·科索斯做英格兰国王。另外,如果英格兰人早已放弃了由有英格兰血统的人做英格兰国王,那么他们自然会选择亨利做英格兰国王,因为只有亨利是真正的王储,是"征服者"威廉唯一一个在英格兰出生的儿子。然而,罗贝尔·科索斯和亨利都不在"征服者"威廉近旁。因此,威廉·鲁弗斯和平登上英格兰王位。在威斯敏斯特,亨利举行圣诞节盛宴,似乎那时起,他将肯特伯爵爵位让给叔叔巴约的奥多。

新国王威廉·鲁弗斯刚刚在位数月,大部分诺曼首领开始公开反叛威廉·鲁弗斯,并且希望他的哥哥罗贝尔·科索斯成为英格兰国王。叛乱的领导者是威廉·鲁弗斯的叔叔莫尔坦伯爵罗贝尔和巴约的奥多。巴约的奥多是第一个起义,因为他发现自己并不如所愿成为国王威廉·鲁弗斯的主要顾问。什鲁斯伯里伯爵罗杰、库唐斯主教若弗鲁瓦·德·蒙布雷和达勒姆主教威廉·德·圣加来都加入反叛者的行列。但对新国王威廉·鲁弗斯,切斯特伯爵休·达夫朗什,坎特伯雷大主教兰弗朗克和其他主教,特别是伍斯特主教伍夫斯坦仍然忠心耿耿。威廉·鲁弗斯看到除了英格兰本地人,自己没有可以信赖的人。于是,威廉·鲁弗斯将英格兰人召集到自己的军队中,并且许诺要在各个方面实行良好的统治。英格兰人从四面八方聚集。因此,威廉·鲁弗斯组建并率领一支强大的英格兰军队重击叛军。威廉·鲁弗斯率军打败哥哥罗贝尔·科索斯派往佩文西的部队。在"征服者"威廉登陆的地方,威廉·鲁弗斯率军打败另一批诺曼入侵者。然后,这支军队占领了巴约的奥多所在的罗切斯特城堡。巴约的奥多羞愧地走出来,回到诺曼底后再没有回到英格兰。很多反叛者失去土地,但后来,威廉·鲁弗斯与其哥哥罗贝尔·科索斯达成和平协议。于是,反叛者重获土地。

需要英格兰人帮助时,威廉·鲁弗斯对英格兰人做出英明统治的承诺,但他的表现离他的承诺很远。然而,没有证据直接表明威廉·鲁弗斯对英格兰人实行压迫。但总的来说,威廉·鲁弗斯的统治是压迫英格兰各阶层的暴政。无疑,英格兰民众遭受的苦难最多。1088年的这场战争是诺曼征服英格兰的最后阶段。这是英格兰人和诺曼人在英格兰最后一次兵戎相见。就战斗而言,英格兰人表现更好。在这场战役中,为保住一个诺曼人的英格兰王位,英格兰人打败了诺曼人。通过这场战役,在某种程度上,诺曼征服英格兰完成了;但在某种程度上,诺曼征服英格兰没有完成。完成征服指,到目前为止,诺曼人已经牢牢掌握英格兰王位,没人想将继承"征服者"威廉王位的威廉·鲁弗斯赶出英格兰,没人想立"显贵者"埃德加为英格兰国王——虽然在诺曼征服英格

巴约的奥多和他的军队

巴约的奥多走出罗切斯特城堡

兰后，"显贵者"埃德加活了很长时间，也没人想寻求丹麦国王的帮助赶走诺曼裔的英格兰国王。没有完成征服是指，到目前为止，诺曼征服英格兰后，"征服者"威廉的成功由英格兰人完成，诺曼裔国王由英格兰人推上王位。到这里，我们将结束讲述诺曼征服英格兰的故事。接下来，我们将看看此次征服对当时英格兰的影响及对英格兰后世的影响。

第14章
诺曼征服英格兰的结果

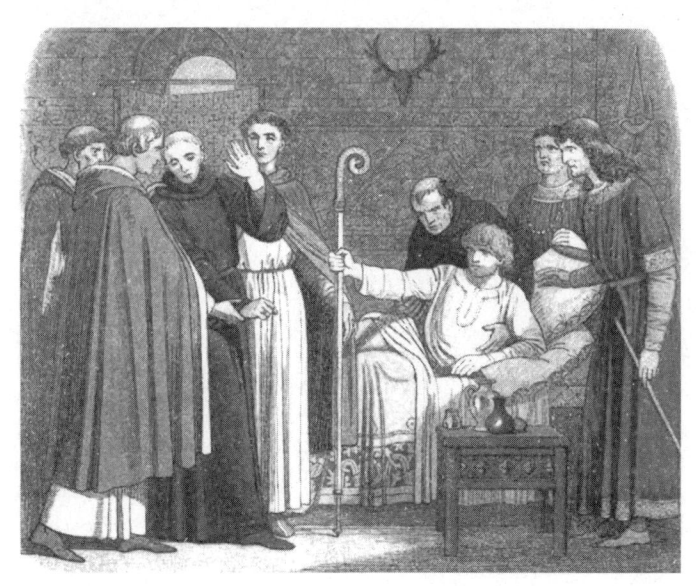

精彩看点

诺曼征服英格兰的一般结果——与其他国家的交往——对教会的影响——对外战争——对英格兰国王权力的影响——对宪法和行政的影响——"征服者"威廉个人性格带来的影响——诺曼人和英格兰人的关系——对英语的影响——对学术和文学的影响——对艺术的影响——对英格兰作战方式的影响——总结

我们必须清楚地区分诺曼征服英格兰的直接影响,即为当时的英格兰带来的变化,以及为后世留下的深刻印记和持久影响。在很多方面,这种影响是相反的。从当时的影响看,英格兰人似乎失去了自己的生活方式、自由、法律、语言和一切原来属于自己的东西。实际上,除了语言,当时看起来似乎摧毁一切的诺曼征服恰恰完好保留了所有原属于英格兰的东西。如果诺曼征服英格兰从没有发生,那么英格兰人可能无法很好保留这些东西。将英格兰的历史进程与其他没有经历征服的国家比较,这一好处很明显。没有一个国家像英格兰这样没有任何事物遭到完全破坏。从盎格鲁-撒克逊时期到诺曼征服英格兰后,英格兰一直存在某种形式的国民议会,虽然诺曼征服英格兰后,英格兰议会的名称和形式改变了,但从来没有真正停止运行过。因此,英格兰不必重新设立新议会。然而,很多其他国家的议会都完全停止运行。后来,其他国家通常参考英格兰议会的模式,重新建立议会。另外,许多国家的许多其他事务也参考英格兰的模式处理。如果没有征服,英格兰议会会一点点消亡。或者经历另一种形式的征服,这些事物会突然中断。这次法律掩护下的外邦征服恰恰是形成英格兰史的关键。我们将发现诺曼征服英格兰没有带来完全崭新的事物,而是加强和加速已有的社会发展趋势。我们将看到很多这样的例子。

　　与以前相比,诺曼征服英格兰后,英格兰与其他国家的交往越来越频繁,但这是加强已有趋势。从"决策无方者"埃塞雷德国王开始，英格兰与欧洲大陆的关系越来越密切。或者更确切地说，以前，无论是战争时期还是和平时期，英格兰已经完全开始与斯堪的纳维亚半岛、德意志及佛兰德斯等地打交道。诺曼征服英格兰后，英格兰开始与说拉丁语族语言的民族打交道。起初，英格兰与诺曼底打交道。随后，英格兰跟法兰西打交道。"决策无方者"埃塞雷德与诺曼底的埃玛的联姻是这一伟大趋势的开始。然后，到"决策无方者"埃塞雷德与诺曼底的埃玛的儿子"忏悔者"爱德华统治时期，"忏悔者"爱德华将异国生活习惯及外邦宠臣带到英格兰。在某种程度上，"忏悔者"爱德华的做法为诺曼征服后，外邦人到来及英格兰采用外国统治方式做了充分准备。当一位国王同时统治英格兰和诺曼底，并且后来统治高卢其他大部分地区时，在这三地，当地民众能自由往来。在英格兰，外邦人身居要职。在其他地方，英格兰人身居要职。英格兰的国王们拥有诺曼血统，即使后来，他们成为英格兰人，他们仍然会娶外邦妻子，或者将女儿嫁给外国君主。事实上，与诺曼征服英格兰以前相比，上述情况甚至更普遍。英格兰的对外贸易也会增长，英格兰与德意志和佛兰德斯之间有古老的贸易传统，并且从没有停止。与此同时，英格兰与诺曼底和高卢其他地区的贸易得到发展。除了国王的士兵和随他而来的侍从，不少商人和其他爱好和平者来英格兰定居。总之，就各方面而言，英格兰王国不再是一个独立王国，而是与苏格兰王国一起成为西欧世界的一部分。

在教会事务方面，诺曼征服英格兰的影响表现得更明显，因为教规方面，英格兰教会比其他任何教会更严格，英格兰教会是罗马教廷的孩子。一直以来，英格兰教会对罗马教廷怀有强烈敬意。但与西方其他国家的教会相比，英格兰教会更独立。在宗教事务方面，英格兰国王和英格兰议会从没有放弃自己手中的权力，因为教会与国家是一体的。然而，从诺曼征服英格兰开始，罗马教皇在英格兰的权力越来越大。当"征服者"威廉请教皇亚历山大二世在他和哈罗德·戈德温森之间做判决时，教会与英格兰王室的关系就不妙了。在英格兰，所有新观念渐渐传播开来，罗马教皇逐渐蚕食百姓的财产。面对这种情况，英格兰国王不得不颁布一部又一部的法律约束罗马教廷蚕食普通英格兰民众权益的行为，直到罗马教皇的权威被直接抛弃。教会事务和国家事务的区别越来越明显，僧侣们开始宣称不受世俗法律的约束，只接受教会法庭的审判。另外，神职人员的婚姻逐渐被严格禁止。上述变化都是诺曼征服英格兰的直接结果。如果诺曼征服英格兰从没有发生，那么英格兰的各项事务可能是另一种情形。但事实是，诺曼征服英格兰导致上述情形出现。与许多其他统治者一样，"征服者"威廉建立一种自己有能力执行的国家政治体制，其他小人物没有能力执行这套体制。后来，为了达到各自目的，英格兰国王与罗马教皇互相勾结，通常以牺牲僧侣和普通民众的利益为代价。从贵族、神职人员到平民，整个英格兰不止一次联合反抗罗马教皇和英格兰国王的统治。

与此同时，由于诺曼征服英格兰，在很大程度上，英格兰开始卷入大陆的战争。再次说明，如果没有诺曼征服英格兰，那么英格兰卷入欧洲大陆的战事很有可能会有另一种结果。但实际上，英格兰就这样卷入欧洲大陆的战事。只要诺曼底仍然是一个处于英格兰王国和法兰西王国之间的独立公国，英格兰王国和法兰西王国就不存在争执的基础。但当英格兰王国和诺曼底公国共同拥有一位君主时，英格兰就卷入诺曼底公国和法兰西王国的争端，英格兰王国和法兰西王国成为对手。法兰西王国征服诺曼底后，英格兰王国与法兰西王国的敌对关系持续了很长时间。后来，英格兰王国和诺曼底公国都被在高卢拥有大量领地的君主继承。其中，阿基坦公国继承了英格兰王国和诺曼底公国的大量领地。诺曼底沦陷后很长一段时间，阿基坦公国一直由英格兰国王统治。由于诺曼征服英格兰，英格兰王国成为欧洲大陆的强国，并且卷入欧洲大陆的战争和政治纷争。更重要的是，英格兰王国和法兰西王国成为宿敌。

诺曼征服英格兰的一个主要影响是大大加强了英格兰的王权。诺曼裔国王拥有以前英格兰国王拥有的一切权力和收入，并且增加了新的权力。英格兰国王有两层含义：一方面，英格兰国王可以被看作英格兰的国家元首，其他英格兰人都是英格兰国王的臣民。另一方面，英格兰国王可以被看作领主，英格臣民的领主，英格兰臣民领受英格兰国王的土地。在欧洲，这两种王权概念众所周知，英格兰人也知道这两种王权的概念。不过，"征服者"威廉知道如何利用这两种王权概念加强王权。事实上，如果国王只是贵族们的领主，那么与法兰西和高卢的情况一样，英格兰王国很可能会分裂为若干公国。为阻止英格兰分裂成公国，"征服者"威廉制定了一部伟大的法律，即他要求所有英格兰人都成为英格兰国王的臣民。这一点一旦确定下来，英格兰国王的权力就大大增加。因此，英格兰国王既是领主，又是国家元首。所有英格兰人的土地都属于英格兰国王。于是，诺曼裔国王能以国家元首的身份征收旧税，并且能在土地中以各种方式征收新税。与过去英格兰的国王一样，诺曼裔国王可以号召普通民众为自己征战。普通民众既可以选择服兵役，也可以交钱免服兵役。因此，英格兰国王可以任意建立一支国民军队、封建军队——为采邑领主服兵役的一支

货币上的"征服者"威廉头像

军队，或者雇佣军。英格兰国王可以根据需要利用这三种军队。另外，英格兰还出现一种现象。在旧观念中，英格兰国王被看作国家赋予的最高官职，虽然这一最高官职会被授予国王的后人。但此时，国王越来越被视作一种财产，并且可以像其他财产一样按照严格的继承法继承。于是，诺曼征服英格兰后，英格兰国王的产生方式越来越倾向于继承，而不是选举。然而，诺曼征服英格兰后几代君主的统治证明世袭继承制没有被严格执行。不过，严格执行世袭继承王位仍然是一种趋势。从长远来看，世袭继承王位已经成为英格兰的惯例。

我们已经看到，"征服者"威廉和他以后的诺曼裔国王既没有直接修改英格兰原来的法律，没有过多改变原有的政府和行政管理方式，又没有取消旧的机构或官职。但在保留原有机构和官职的基础上，这些诺曼裔国王设立了一些新的机构或官职。有时，旧机构和官职保留下来。有时，新机构和官职保留下来。有时，旧机构和官职获得一个新名称，这可能会使我们误认为发生很大的改变。同样，有时，旧机构和官职名称保留下来。有时，新机构和官职名称保留下来。譬如，诺曼人将郡"shire"称为"county"，将国王的主要官员郡长"sheriff"称作"viscount"。现在，我们更多使用"county"而不是"shire"，使用"sheriff"而不是"viscount"。目前，"viscount"有其他含义。最重要的是国王还是用古老的英语，称作"King"，但现在，国家立法机构，即贤人会议，称作议会，这是因为我们以前提到的，这一机构是贤人与国王的会谈。在开展大调查前，"征服者"威廉与贤人会议开展过深刻的谈话。比更换名称更重要的是议会构成发生变化。实际上，同一个议会继续运行。议会没有突然中断，而是一点点改变。然而，英格兰一直拥有一个议会。英格兰议会从来没有被废止，也没有通过建立另一个议会取代一直运行的议会。但发生的最大变化是在"征服者"威廉统治的短短二十一年内，当时，一个几乎完全是由英格兰人组成的议会变成诺曼人的议会。然而，这一变化不是一蹴而就的。实际上，英格兰人从没有被全体驱逐出议会，诺曼人也没有全体直接进入议会。只有身居要职的英格兰人去世或辞职时，通过授予官职，诺曼人才填补空缺的职位。于是，英格兰议会的精神和运作方式发生翻天覆地的变化，但其形式没有直接发生变化。英格兰的其他方面也是这样变化的。当时，英格兰没有发生任何突然变化，也没有废止任何旧事物，或者建立新事物。新思想被引入英格兰。实际上，形式几乎没有变化的事物发生巨变。认为英格兰古老的机构被废止，并且诺曼人通过设立的新机构取代被废止的古老的英格兰机构的想法是错误的。不过，由于受到诺曼人带来的新思想和新做法的影响，英格兰古老的机构的确逐渐发生巨大变化。

除了所有其他更普遍的原因，"征服者"威廉的个人性格无疑为后来英格兰的历史进程产生深刻的影响，因为"征服者"威廉不喜欢压迫，也不喜欢改变。他明白自己不需要对英格兰法律做出巨大改变就能获得更多想要的权力。实际上，"征服者"威廉与以后几位英格兰国王都是专制君主，并且都按照自己的意愿行事。这几位国王保留了所有旧的自由的形式。后来，随着国王的权力越来越羸弱，英格兰王国变得越来越强大。旧的自由形式被注入新的活力，英格兰民众重新获得旧的自由。一个能力不如"征服者"威廉，不如"征服者"威廉强壮，没有"征服者"威廉的智慧的国王很有可能推动更多的改革，但这些改革只会引发普通民众更大规模的反对。从长远看，这些改变会带来更多危害。能力不足的国王没有能力抵抗外国的侵犯，并且做合适的事。当时，"征服者"威廉的地位是英格兰的合法国王。依据英格兰的法律，"征服者"威廉实行统治。英格兰没有发生剧变，各方面事务没有突然中止。政府一如既往地运作。随着时间推移，各种事物在需要时逐渐发生改变。在很大程度上，这是"征服者"威廉的智慧带来的。

由于诺曼征服英格兰的特殊性质，征服者和被征服者很快融合为一个民族。在其他征服中，这是不可能发生的事。无疑，这与英格兰人和诺曼人是同族人有关。但如果不是诺曼征服英格兰的特殊性并保留旧的法律，那么这种团结不可能迅速彻底形成。"征服者"威廉从英格兰人手中收回大量土地，并且分给诺曼人。然而，每位接受土地的诺曼人必须成为某种形式的英格兰人才能拥有分给他们土地。根据英格兰的法律,诺曼人从国王手中获得土地。诺曼人完全取代此前拥有这片土地的英格兰人,并且不多不少地获得自己的权利和债务。诺曼人必须服从和执行英格兰的法律,在担任英格兰的官职时必须以各种方式适应英格兰的风俗习惯。除了一些高级贵族,国王身边有一些拥有古老英格兰血统的人拥有土地、担任公职、出席议会,并且作为同一政治团体的成员行事。诺曼定居者与英格兰女子的孩子出生在英格兰,会更认为自己是英格兰人而不是诺曼人。因此,英格兰人与诺曼人很快融为一体,导致诺曼征服英格兰发生一百年后,即公元12世纪,一位作家写道,很难区分自由人中谁是英格兰人的后裔,谁是诺曼人的后裔。当然,在民族融合中,英格兰人和诺曼人互相影响借鉴。在融合过程中,英格兰人没有变成诺曼人,但诺曼人变成英格兰人。在变成英格兰人的过程中,诺曼人大大改变了英格兰的风貌,也带来英格兰以前没有的新思想和新做法。

　　诺曼征服英格兰对英格兰的语言产生十分重要的影响。时至今日,语言是英格兰人身上带有的诺曼征服带来的最明显标志。如果诺曼征服英格兰没有发生,那么与同时期欧洲其他语言一样,在八百年的发展历程中,英语无疑会发生巨大改变。不过,英语不可能以同样的方式或同样的程度发生变化。事实上,没有任何一门欧洲语言以完全相同的方式变化,因为没有哪一门语言拥有相同的原因引发变化。诺曼人到来时,英格兰说的古英语是一门纯正的日耳曼语族的语言,并且几乎与任何一门日耳曼语族的语言一样纯正,虽然没有一门语言不借用别国语言中的单词。来到不列颠后,英格兰人从威尔士语中学到一些单词,并且从拉丁语中学到更多的单词。然而,这些单词只是来到英格兰前,英格兰人不认识的一些事物的名称。因此,英格兰人用外语单词称呼外国的事物。英格兰人保留了自己语言的语法和语法学家所称的形态变化——实际上,英语单词的形式和词尾的变形保持不变。另外,在高卢定居后,诺曼人已经完全忘记与英语属于同一语族的母语丹麦语。来到英格兰后,诺曼人都说法语,法语是北高卢地区的罗曼语。法语是拉丁语逐渐失去原有形式,大量日耳曼语单词悄然进入形成的语言。对英语，诺曼征服英格兰产生双重影响：英语几乎丢掉所有形态变化。事实上，如果没有诺曼征服英格兰，那么英语很有可能会丢掉大部分形态变化，因为其他日耳曼语族的语言丢掉部分或所有形态变化。但诺曼征服英格兰导致这一过程提早开始并更快发展。然后，英语借用大量法语单词。其中，有些借用的法语单词是英格兰人根本不需要的单词，因为有些事物已经有相应的英语名称。总之，诺曼征服英格兰对英语的影响是个逐渐发展的过程。一段时间内，英格兰人同时说法语和英语。英语与法语没有太大影响。法语是高雅的语言，拉丁语是学术语言，英语是普通民众的语言。但在诺曼征服英格兰的一百五十年后，法语没有出现在公文中。不久，诺曼人开始学习英语。似乎12世纪末，诺曼人已经普遍学会英语。当然，诺曼人还会使用法语。随后，一种不同于诺曼人使用的法语传到英格兰。因此，在英格兰，说法语成为一种时尚。直到14世纪，英语才成为英格兰的主要语言。此前，英语已经丢掉许多形态变化，并且大量借用法语单词。此后，英语继续从法语、拉丁语和其他语言中吸收新词，因为英格兰人已经没有用英语单词创造新词的习惯。所有后来的变化都不是诺曼征服英格兰的直接影响，但仍然受到诺曼征服英格兰的影响。如果不是诺曼人向英格兰引入法语，那么在英格兰，使用法语不会成为一股强劲的时尚潮流。

  毫无疑问，对英格兰学术的所有方面，诺曼征服英格兰都有巨大推动作用。此前，英格兰不止发生一次学习高潮，但与丹麦的战争使英格兰的学术倒退。对学者，"忏悔者"爱德华对外邦人的喜爱似乎没有起到多大鼓励作用。但随着"征服者"威廉到来，英格兰学术没有动力的情况立刻发生巨大变化。诺曼征服英格兰后，第一批坎特伯雷大主教兰弗朗克和安瑟莫是当时最伟大的学者。当时，很多有学问和科学知识的人都来到英格兰。无论是诺曼人还是英格兰人，生活在英格兰的人纷纷开始学习科学和知识。因此，12世纪时，英格兰有大量出生或居住在英格兰的优秀作家。但与所有西欧学者一样，当时和以后很长一段时间内，这些作家用拉丁文写作。因此，对提升英格兰本土的文学

安塞莫成为坎特伯雷大主教

水平，他们没有做出任何贡献。不过，英格兰人没有停止使用英语写作。12世纪前半叶，英格兰的编年史被继续编写。当时，英格兰还有一些以宗教内容为主的小型文学作品。实际上，诺曼征服英格兰使英语文学处在比较低的地位，虽然普通英格兰民众普遍使用英语。然而，英语仍然不是一种学术语言，也不是一种优雅的语言。另外，在英格兰，新生的法语文学生根发芽。大约在诺曼征服英格兰时期，欧洲北部的高卢人发现自己讲的法语与书写的拉丁语已经大不相同，导致书面法语与口语交流时使用的法语一致。与其他语言的著作一样，最古老的法语著作用诗歌写作。无论在英格兰还是在诺曼底，在诺曼人中，新型法语诗歌盛极一时。韦斯写"征服者"威廉的故事，特别是诺曼征服英格兰的故事。另外，一些定居在英格兰的诺曼人开始喜欢英格兰，并且写下有关英格兰和不列颠历史、传奇的著作。因此，在诺曼征服英格兰后很长一段时间内，在英格兰，人们用英语、法语、拉丁语写了很多作品。很多法语作品被译成英语，英语作品被译成法语。这些作品虽然展示了当时人们的思想，但长时间压制了英语和英语文学的发展。

　　当时，除了建筑，西欧几乎没有产生什么艺术。书是手抄本。从现在的眼光看，教堂里的绘画和雕塑是十分粗糙的艺术作品。在德意志和英格兰，刺绣已经十分盛行，但无论如何，刺绣不能算艺术。但在建筑艺术方面，诺曼征服英格兰标志着一个重要阶段。我们所说的建筑主要指教堂和城堡。当时，房屋、教堂和城堡通常用木头建造。11世纪时，依据古罗马人的建筑方式，整个基督教世界的人们建造圆形拱顶建筑。西欧全部用一种从意大利引进的建筑样式建造房屋。11世纪时，人们开始探索新的建筑方式，但没有完全抛弃古罗马圆形拱顶式的建筑样式。欧洲各地的人们设计出新的地方风格的建筑。在意大利、高卢南部和北部，罗马式建筑出现。"征服者"威廉统治时期，诺曼人是出色的建筑师。北高卢的罗马式建筑主要在诺曼底形成并发展。因此，这种建筑通常被称为诺曼式建筑。在"忏悔者"爱德华统治时期，随其他诺曼潮流，诺曼式建筑风格传入英格兰，并且在"征服者"威廉统治时期，在英格兰打下坚实根基。新来的诺曼高级教士嫌英格兰的教堂太小。因此，以新的诺曼式建筑风格，诺曼高级教士大规模扩建教堂。一段时间内，与西欧其他国家相同，英格兰的一些小规模建筑仍然采用古老的建筑风格。但11世纪末，在英格兰，诺曼式建筑完全扎根。12世纪时，诺曼式建筑变得更丰富明亮。随着在建筑中，石头被广泛使用，很快，房屋和其他类型建筑开始用石头建造。

在某种程度上，与教堂建筑和其他房屋属于建筑艺术一样，包括城堡和其他坚固建筑的军事建筑属于建筑艺术史的一部分。但军事建筑有自己的历史和特点。对军事建筑及与战争有关的所有方面，诺曼征服英格兰带来很大变化。在英格兰，人们用围墙将城镇围起来，但英格兰没有坚固的城堡。英格兰的堡垒是巨大的土堆，城堡上面有木制防御工事。正如我们在"忏悔者"爱德华统治时期看到的，诺曼人带来建造城堡的风潮。在旧土堆上，诺曼人有时建造城堡主楼，有时建造巨大坚固的塔。但无论哪种建筑，诺曼人都喜欢在城堡四周挖深渠。后来，诺曼人带来的建筑样式发展成精美的城堡。因此，英格兰随处可见城堡。英格兰人作战主要采取进攻和包围城堡的方式。诺曼征服英格兰后很长一段时间，我们总听到包围战，但很少听到空旷战场发生战争。在与丹麦的战争中，我们更多听到空旷的战场上的战斗而不是包围战。当时，诺曼人将自己的作战方式带到英格兰，英格兰军队的作战方式随之发生巨大改变。诺曼征服英格兰前，英格兰军队没有骑兵，也很少有弓箭手。诺曼征服英格兰后，英格兰军队有了骑兵和弓箭手，并且抛弃以前的布阵方式。然而，我们有时会读到诺曼骑士从马上下来，采用古老的英格兰式的剑或斧头作战的故事。弓箭手逐渐成为英格兰军队中最重要的兵种。在某种程度上，英格兰军队回到过去的作战状况。英格兰军队武器也更换了，但在重视骑兵的时代，勇敢的步兵仍然是英格兰军队中重要的力量。

由于诺曼征服英格兰的特殊性和"征服者"威廉的个人品质，通过一种特殊方式，诺曼征服英格兰影响了英格兰。实际上，诺曼征服英格兰没有破坏或废止英格兰原有的法律及机构。但在诺曼征服英格兰的影响下，英格兰原有的法律及机构逐渐变化并保留下来。最终，诺曼征服英格兰取得成功。与从没有被外邦人征服的同类国家比较，英格兰的确与最古老的生活保持更直接的联系，英格兰社会的各项事物没有突然中断或变化。英格兰巨大的变化都是循序渐进产生的。在任何特定时间内，英格兰没有普遍出现混乱。在最后一章，我们将更具体地说明诺曼征服英格兰的特殊性，以及"征服者"威廉的个人品质如何影响英格兰后来的历史。

第15章
英格兰后来的历史

精彩看点

诺曼裔国王——亨利二世——亨利二世的儿子们——失去诺曼底的影响——英格兰王国和英格兰国王——爱德华一世——与法兰西王国的战争——总结

作为一个诺曼人，威廉·鲁弗斯开始统治英格兰。与此同时，罗贝尔·科索斯统治诺曼底公国。但后来，威廉·鲁弗斯先获得诺曼底公国的一部分土地。接着，他控制了整个诺曼底公国，并且与法兰西王国开战。这是英格兰王国与法兰西王国战争的开端。起初，法兰西作家称这场战争为英格兰人对抗法兰西人的战争。威廉·鲁弗斯的统治是充满压迫的不当统治。在他和大臣兰道夫·弗兰巴德的领导下，新的英格兰土地制度逐渐形成。1100年，威廉·鲁弗斯驾崩后，诺曼底和英格兰一度分裂，罗贝尔·科索斯夺回诺曼底公国，亨利被选为英格兰国王。由于亨利是"征服者"威廉唯一一位在英格兰出生的儿子，所以英格兰人强烈支持亨利，并且帮助亨利保住英格兰王位。与此同时，诺曼人再次希望罗贝尔·科索斯做英格兰国王。这是在英格兰，英格兰人和诺曼人最后一次分成两派。亨利一世①的统治持续到1135年。当时，英格兰人和诺曼人已经逐渐融合在一起。为取悦英格兰人，亨利一世娶玛蒂尔达为妻，玛蒂尔达是苏格兰国王马尔科姆三世和"显贵者"埃德加的妹妹圣玛格丽特的女儿。因此，亨利一世的孩子成为英格兰古老王室的后裔。然而，罗贝尔·科索斯在诺曼底的统治很糟糕。大部分诺曼底公国的臣民想摆脱罗贝尔·科索斯的统治。因此，1106年，在坦什布赖战役中，英格兰国王亨利一世收复诺曼底公国。"征

---

① 亨利登基后称亨利一世。——译者注

亨利一世迎娶玛蒂尔达

坦什布赖战役

服者"威廉征服英格兰四十年后，英格兰王国与诺曼底公国的关系竟发生巨大逆转。亨利一世驾崩前，亨利一世的儿子、王储威廉去世。因此，亨利一世想将王位传给女儿玛蒂尔达。玛蒂尔达是神圣罗马帝国皇帝亨利五世的遗孀。后来，亨利一世将玛蒂尔达嫁给安茹伯爵若弗鲁瓦·金雀花。在诺曼底和英格兰，将王位传给女儿闻所未闻。亨利一世驾崩后，贤人会议选举亨利一世妹妹诺曼底的阿德拉的儿子斯蒂芬为英格兰国王。斯蒂芬深受各民族民众爱戴，但

亨利一世的女儿玛蒂尔达

神圣罗马帝国皇帝亨利五世

那时,斯蒂芬没有能力统治英格兰。玛蒂尔达皇后的朋友们奋起反抗斯蒂芬的统治。1154年,在斯蒂芬统治时期,英格兰人经历了前所未有的痛苦。此时,英格兰没有法律,只有流血和对王位的抢夺。与此同时,安茹伯爵若弗鲁瓦·金雀花攻占诺曼底。最终,贤人会议商定由斯蒂芬余生保留英格兰王位,但斯蒂芬驾崩后,由安茹伯爵若弗鲁瓦·金雀花和玛蒂尔达皇后的儿子亨利继承英格兰王位。当时,亨利是诺曼底公爵。

安茹伯爵若弗鲁瓦·金雀花

斯蒂芬

诺曼底公爵亨利（即后来的英格兰国王亨利二世）

很快，诺曼底公爵亨利继承了斯蒂芬的英格兰国王王位，一个新的时代开启。继承诺曼底和安茹后，诺曼底公爵亨利继承了英格兰。继位前，诺曼底公爵亨利已经娶了阿基坦的埃莉诺。阿基坦的埃莉诺为英格兰带来整个高卢西南部的统治权。因此，当时的英格兰国王亨利二世①成为欧洲大陆上的一位强大君主，而且比他在高卢的领主法兰西国王权力更大。诺曼底和英格兰成为广阔王国的一部分，并且这个王国的统治者不是诺曼人的后裔，也不是英格兰人的后裔，而是英格兰国王女儿的后裔。然而，由于亨利二世是英格兰王室母系成

阿基坦的埃莉诺

① 诺曼底公爵亨利登上英格兰王位后称亨利二世。——译者注

坎特伯雷大主教托马斯·贝克特

员的后裔,所以人们将他看作英格兰古老王室的代表。在亨利二世的儿子们的统治下,英格兰王国境内所有民族的关系比以前更亲密。当时,流行趋势是英格兰人喜欢外国人,而不是诺曼人或英格兰人。当时是吉尔伯特·贝克特之子托马斯·贝克特担任坎特伯雷大主教时期。托马斯·贝克特出生在英格兰国王亨利一世统治时期,来自英格兰的一个诺曼后裔家庭。诺曼征服英格兰后,托马斯·贝克特是首位在英格兰出生并担任大主教的人。我们关注他是因为在他生活的时代,在英格兰的英格兰人和诺曼人完全融合。自始至终在情怀和言语上,托马斯·贝克特都是英格兰人。事实上,人们也将他视作英格兰人。亨利二世是英格兰历史上一位伟大的君主,也是诺曼征服英格兰以来,英格兰首位真正的立法者。后来,英格兰的许多法律都可以追溯到亨利二世统治时代。这些法律是为一个统一的、不区分诺曼人和英格兰人的国家制定的。目前,我们还不清楚亨利二世是否会讲英语,但他肯定能听懂英语。亨利二世统治时期,诺曼人和英格兰人普遍都会讲英语。另外,通过在苏格兰建立更全面的统治和征服爱尔兰,亨利二世壮大了英格兰王国。

1189年,亨利二世的儿子理查一世继位。理查一世虽然出生在英格兰,但在诺曼征服英格兰后的所有英格兰国王中,他是最不像英格兰人的英格兰

理查一世

神圣罗马帝国皇帝亨利六世

国王。在其统治时期内,理查一世只来过英格兰两次,并且每次逗留时间都很短。理查一世第一次来英格兰是为了加冕。1194年,为了获得王位,理查一世再次来到英格兰。由于参加十字军运动,在回来的路上,理查一世被神圣罗马帝国皇帝亨利六世囚禁。与哈罗德·戈德温森向"征服者"威廉效忠一样,理查一世向神圣罗马帝国皇帝亨利六世效忠。有人说,理查一世这样做是为英格兰的王权。在理查一世统治的剩余时间,他主要在高卢征战。理查一世不在英格兰时,英格兰由其手下的大臣们治理。理查一世的首席大臣是伊里主教

十字军运动期间的理查一世

神圣罗马帝国皇帝亨利六世接见被囚禁的理查一世

威廉·德·朗香。来自诺曼底的威廉·德·朗香鄙视和嘲笑英格兰人的方方面面。所有出生在英格兰的人都有英格兰名字。另一位出生在诺曼底的主教认为威廉·德·朗香不会说英语是一件奇怪而可耻的事。在理查一世的弟弟约翰的带领下,英格兰民众奋起反抗,并且赶走威廉·德·朗香。理查一世统治后期,其大臣坎特伯雷大主教休伯特·沃尔特很好地治理了英格兰。1199年,理查一

约翰

理查一世之死

世驾崩，在诺曼底，约翰悄然继承诺曼底公爵之位。然后，在英格兰，他被选为英格兰国王。但世袭观念在安茹根深蒂固，当地民众支持理查一世的侄子布列塔尼公爵阿瑟为英格兰国王，因为布列塔尼公爵阿瑟的父亲布列塔尼公爵若弗鲁瓦二世是约翰的哥哥。在这种情况下，英格兰曾经通常将王位传给国王的侄子。然而，约翰合法当选英格兰国王。法兰西国王腓力二世支持阿瑟，但阿瑟被约翰抓住并在1202年被害。法兰西国王腓力二世召开贵族法庭，声称因杀死阿瑟的犯罪行为，约翰丧失其在法兰西的领地。为执行这条命令，1203年到1204年，法兰西国王腓力二世征服整个诺曼底。此时，诺曼底公国只有一些岛归诺曼底公爵所有。此后，这些岛一直归英格兰君主所有。因此，维多利亚女

第15章 英格兰后来的历史 | 263

法兰西国王腓力二世支持阿瑟,封其为爵士

布列塔尼公爵阿瑟被杀害

王时，她仍然真正拥有诺曼底的一些岛，但原诺曼底公爵的其余领地归法兰西王国所有。另外，法兰西国王腓力二世夺去安茹和安茹伯爵的其他领地，但没有夺去阿基坦，因为当时阿基坦的埃莉诺还活着。因此，约翰及其继承者们失去诺曼底，但保住了阿基坦。

英格兰王国和诺曼底公国的最终分裂是诺曼征服英格兰的重要阶段。如果任何一个诺曼人或英格兰人的后裔心中还存在任何非英格兰的情怀，那么此时，这种感情已经完全消失。因为当时，英格兰是所有英格兰人和诺曼人唯一的王国，诺曼底公国已经成为外邦和对手。在高卢，虽然第一批安茹王朝的君主拥有巨大的统治权，但英格兰是他们最大和最重要的财产。无论如何，我们不能说英格兰是安茹王朝的总部或中心，或者说英格兰国王的其他领地是英格兰王国的属国。此时，英格兰国王只控制高卢更远的阿基坦公国。显然，阿基坦公国是英格兰王国的属国，也是英格兰王国和法兰西王国争执的缘由。因此，英格兰王国和法兰西王国的敌对关系一直持续到诺曼底公国再次归法兰西所有。实际上，这种敌对关系从英格兰王国和诺曼底公国结合时就产生了。因此，丧失诺曼底公国决定了英格兰王国在国内外的地位。从此，英格兰王国再次成为统一的英格兰人居住的王国，但它拥有一块遥远的属地，即阿基坦公国。这块属地是法兰西国王的封地。因此，英格兰王国成为法兰西王国的特殊对手。

此时，当诺曼征服英格兰的主要外在特征淡化，在英格兰的诺曼人已经完全成为英格兰人时，英语却被轻视。13世纪时，英格兰政府的官方文件开始用法语书写。诺曼征服英格兰前，英格兰人用英语或拉丁语书写官方文件。诺曼征服英格兰后，在英格兰，英语逐渐失去地位。有一段时间，英格兰人只使用拉丁语。13世纪，法语逐渐进入英格兰。英格兰人开始使用拉丁语和法语两种语言。就这样，当将要成为主要使用语言时，英语又被轻视。不过，英格兰人使用法语只是一时的潮流。在很大程度上，英格兰人使用法语是因为法兰西王国的巨大影响力和在全欧洲法语的广泛使用。此时，既然整个英格兰民

教皇英诺森三世

族都团结起来,说法语就只是一种时尚,而不是诺曼征服英格兰的标志。但当英格兰越来越本土化时,英格兰国王越来越具有外国人的特征。在英格兰,英格兰国王约翰安置大量外籍雇佣军,约翰成为教皇英诺森三世的臣子。约翰为英格兰制定的《大宪章》标志着一个伟大阶段。诺曼征服英格兰很久后,无论何时,当英格兰人遇到残暴统治时,他们会使用"忏悔者"爱德华颁布的法律。但随后,我们很少听到"忏悔者"爱德华的法律,因为《大宪章》包含所有的法律内容。在约翰的儿子亨利三世的统治下,英格兰被外邦人蚕食,并且遭到多任教皇掠夺。在莱斯特伯爵西蒙·德·蒙特福特的带领下,与其他历

约翰签署《大宪章》

亨利三世

莱斯特伯爵西蒙·德·蒙特福特

史时期相比，此时，英格兰更团结。严格意义上来说，莱斯特伯爵西蒙·德·蒙特福特生来是法兰西人。但奇怪的是，莱斯特伯爵西蒙·德·蒙特福特继承英格兰的莱斯特伯爵领地。如同克努特大帝和坎特伯雷大主教安瑟莫一样，莱斯特伯爵西蒙·德·蒙特福特成为不折不扣的英格兰人。在莱斯特伯爵西蒙·德·蒙特福特与下一位国王爱德华一世的统治下，英格兰议会逐渐成形，由郡和城镇选举下议院议员。

爱德华一世是诺曼征服英格兰后的英格兰国王中最伟大的一位国王。另外，爱德华一世是诺曼征服英格兰后第一位有英文名字的国王。当时，他被叫

爱德华一世

作爱德华三世或四世。实际上，他是爱德华三世或爱德华四世。但后来，他被叫作爱德华一世，因为他是诺曼征服英格兰后第一位叫爱德华的国王。此时，英格兰终于有一位真正的英格兰人做国王。爱德华一世的目标是在国内外让英格兰更强大。与以往相比，爱德华一世更彻底地确立了英格兰对威尔士和苏格兰的统治权。此时，威尔士并入英格兰，并且逐渐与英格兰融合。然而，征服苏格兰令苏格兰完全独立。与亨利二世一样，爱德华一世是伟大的立法者。可以说，从爱德华一世统治时期开始，为更好地适应时代，英格兰以更好的形式恢复了原有的法律和自由。当时，除了使用法语，诺曼征服英格兰的所有标记都已经消失。爱德华一世能讲流利的英语。爱德华一世统治时期，很多英语文学作品完成。在法兰西征战时，爱德华一世说法兰西国王幻想入侵英格兰并消灭英语。作为一种时尚，法语被继续广泛使用，并且正式成为官方语言。

与法兰西王国的战争后，英格兰王国彻底摆脱法兰西王国的影响。与法兰西王国的战争由爱德华一世的孙子爱德华三世领导。通过母亲法兰西的伊莎贝拉，爱德华三世继承法兰西王位。随后，一场持久战爆发。最终，1360年，这场持久战以达成《布列塔尼条约》告终。随后，爱德华三世放弃法兰西王位，但保留阿基坦公爵领地。以前，爱德华三世征服的加来和蓬蒂厄不是法兰西国王的封地，而是独立领土。然后，法兰西王国打破和平局面，战争再次爆发。这次战争结束后，除了加来、波尔多和巴约讷，英格兰几乎失去其在法兰西的所有领地。在亨利五世统治时期，战争再次爆发。亨利五世征服诺曼底并达成一项继承法兰西王位的和平协定。但很快，亨利五世驾崩，其子亨利六世继承其父亨利五世获得的法兰西王位，并且在巴黎加冕。与此同时，亨利六世继承英格兰王位。然而，在亨利六世统治时期，英格兰王国的势力先被赶出法兰西，后被赶出诺曼底，以及阿基坦公国。于是，英格兰王国既失去古老的遗产，又失去新征服的地区，只保留爱德华三世征服的加来。1558年，英格兰王国失去加来。这些持久战越来越成为英格兰王国与法兰西王国的战争。爱德华三世由其母亲法兰西的伊莎贝拉扶养长大。与其说爱德华三世是英格兰国王，不如

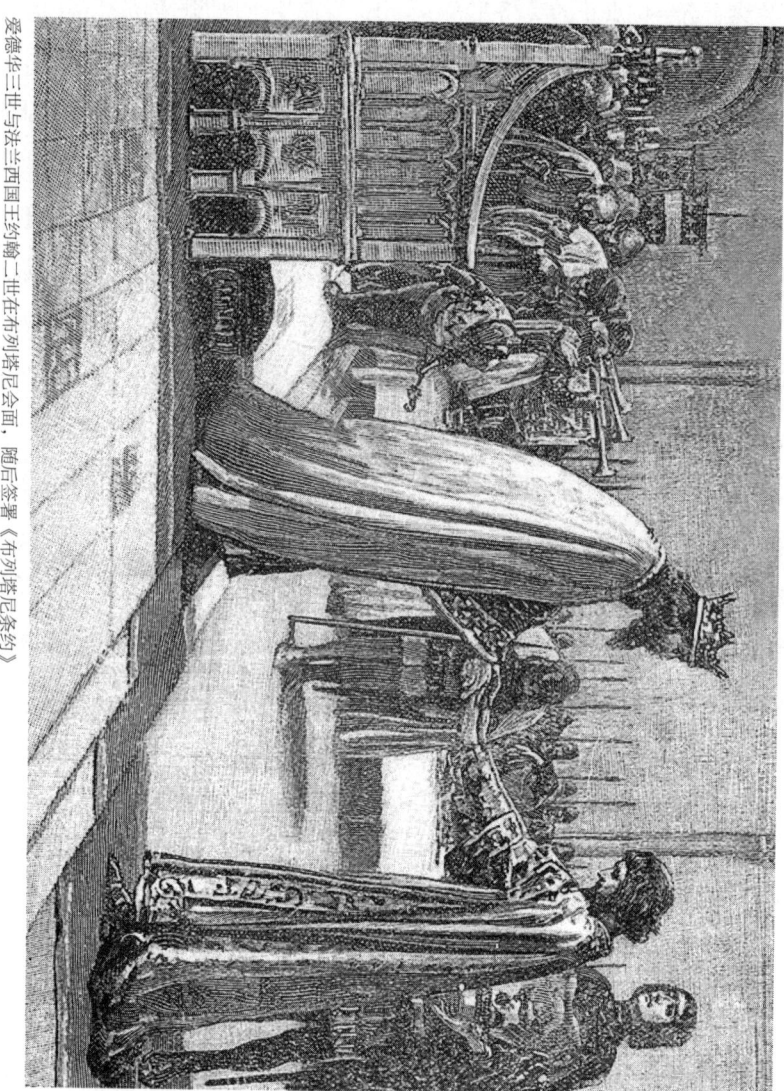
爱德华三世与法兰西国王约翰二世在布列塔尼会面,随后签署《布列塔尼条约》

亨利六世在巴黎加冕

爱德华三世

法兰西的伊莎贝拉

亨利五世

亨利六世

说他是要求法兰西王位的法兰西王子。对爱德华三世的臣民来说，与法兰西的战争是一场持久战。亨利五世是名副其实的英格兰国王。实际上，与法兰西王国的战争影响了英格兰人使用法语的习惯，因为法语是对手法兰西人的语言。14世纪时，在英格兰，更多人使用英语。亨利五世的大臣们甚至不会说法语。因此，在与法兰西大臣们的会议中，英格兰王国的大臣要求法兰西王国的大臣使用拉丁语，因为拉丁语是西方基督教世界的通用语言。然而，习惯的力量是强大的。15世纪末，英格兰议会的法案仍然用法语写成，甚至在一些庄严的场合，如维多利亚女王同意议会的某个议案时，英格兰人仍然使用法语。

因此，亨利一世的统治，安茹领地的分裂，约翰和亨利三世的非英格兰化统治，爱德华一世的本土化统治，与法兰西王国的长期战争，都以不同方式消除外邦对英格兰的影响，并且使英格兰更本土化。实际上，英格兰进步了。英格兰的法律、机构和习俗都向更好的方面发展。这些发展使英格兰最古老的生活方式以一种新形式回到英格兰。英格兰摆脱了诺曼征服的影响，但正是在诺曼征服的帮助下，英格兰摆脱诺曼征服的影响。简而言之，诺曼征服英格兰没有使英格兰原有的生活方式和自由消失，却让英格兰原有的生活方式和自由焕发生机。拥有一个奋斗目标和反抗对象后，人们才能改革。改革不一定是破坏原来的事物并建立新的事物。正如起初我们解释的，诺曼征服英格兰以其特殊性使英格兰社会的状况以如此方式发生变化。在很大程度上，诺曼征服英格兰不但得益于诺曼人和英格兰人的亲缘关系，而且更多得益于"征服者"威廉的个人品质，即他的坚毅、远见和智慧。

译名对照表

Wells	韦尔斯
Somerleaze	萨默雷兹
William Duke of Normandy	诺曼底公爵威廉
William the Conqueror	"征服者"威廉
Normans	诺曼人
English	英格兰人
Norman Conquest of England	诺曼征服英格兰
Conqueror	征服者
Harold Godwinson	哈罗德·戈德温森
Britain	不列颠岛
England	英格兰
Gaul	高卢
Normandy	诺曼底
Kent	肯特
Wessex	威塞克斯
Mercia	麦西亚
Northumberland	诺森伯兰
Ecgberht King of Wessex	威塞克斯国王埃格伯特
Picts	皮克特人
Scots	苏格兰人
Northern Welsh	北威尔士人
Scandinavia	斯堪的纳维亚人
Danes	丹麦人

Norwegians	挪威人
Alfred the Great	阿尔弗雷德大帝
Guthrum	格斯茹姆
River Thames	泰晤士河
Edward the Elder	"长者"爱德华
Ethelstan	埃塞尔斯坦
Edmund I	埃德蒙一世
Eadred	埃尔德雷德
Charles the Great	查理大帝
Franks	法兰克王国
Karolingia	加洛林
Dux Francorum	法兰克公爵
Laon	拉昂
Paris	巴黎
Loire	卢瓦尔河
Seine	塞纳河
Rouen	鲁昂
Rollo	罗洛
Rou	鲁
Charles the Simple	"昏庸者"查理
West Frank	西法兰克
Robert I of France	法兰克公爵罗贝尔一世
Epte	厄普特
Dive	蒂乌
Bayeux	巴约
William Longsword	威廉·朗索德
Coutances	库唐斯半岛

Cotentin	科唐坦半岛
Avranches	阿夫朗什
Britanny	布列塔尼
Maine	曼恩
Rudolf Duke of Burgundy	勃艮第公爵鲁道夫
Hugh the Great	"伟大"于格
Hugh Capet	于格·卡佩
Richard II Duke of Normandy	诺曼底公爵理查二世
Saracens	撒拉森人
Eastern Emperors	拜占庭帝国皇帝
Mediterranean	地中海
Sicily	西西里岛
Hauteville	奥特维尔
Tancred of Hauteville	奥特维尔的坦克雷德
Robert Guiscard	罗贝尔·吉斯卡尔
Duke of Apulia	普利亚公爵
Adriatic	亚得里亚海
Alexios I Komnenos	阿莱克修斯一世·科穆宁
Durazzo	都拉斯
Henry IV Holy Roman Emperor	神圣罗马帝国皇帝亨利四世
Roger I of Sicily	西西里的罗杰一世
Roger II of Sicily	西西里的罗杰二世
Ethelred/Athelred	"决策无方者"埃塞雷德
Sweyn Forkbeard	"八字胡"斯文
Eadgifu of Wessex	威塞克斯的艾德吉夫
Eadhild	艾德希尔德
Louis IV	路易四世

Richard I of Normandy	诺曼底的理查一世
Pope John XV	教皇约翰十五世
Emma of Normandy	诺曼底的埃玛
Lady of the English	英格兰夫人
Elfgifu	艾尔夫吉夫
Exeter	埃克塞特
Harald II	哈拉尔二世
Edmund Ironside	埃德蒙·艾恩赛德
Elfgifu of York	约克的艾尔弗吉夫
Alfred Aetheling	"显贵者"阿尔弗雷德
Godgifu	戈德格夫
Southampton	南安普顿
Eadric Streona	埃德里克·斯特雷奥纳
Assandun of Essex	埃塞克斯的阿珊顿
Harthacnut	哈德克努特
Gunhilda	贡希尔达
Lambert	兰伯特
Conrad II	康拉德二世
Robert I	罗贝尔一世
English Ethelings	英格兰贵族
Estrid Svendsdatter	埃斯特里特·斯万斯达特
Ulf the Earl	乌尔夫伯爵
Sweyn II	斯文二世
Shaftesbury	沙夫茨伯里
Baldwin IV Count of Flanders	佛兰德斯伯爵鲍德温四世
Henry I	亨利一世
Alan III	阿朗三世

Ralph the Timid	"懦弱者"拉尔夫
Bourdeaux	波尔多
Drogo of Mantes	芒特的德罗戈
Henry III	亨利三世
Hungary	匈牙利
Harold Harefoot	"飞毛腿"哈罗德
Edward the Confessor	"忏悔者"爱德华
Lyfing of Winchester	温彻斯特的莱芬
Edith of Wessex	威塞克斯的伊迪丝
East-Anglia	东安格利亚
Siward	西瓦尔德
Humber	亨伯河
Ribble	里布尔河
Northamptonshire	北安普顿郡
Huntingdonshire	亨廷登郡
Leofric	利奥弗里克
Worcester	伍斯特郡
Hereford	赫里福德
Beorn Estrithson	拜奥恩·埃斯特里德森
Somerset	萨默塞特郡
Gloucestershire	格洛斯特郡
Herefordshire	赫里福德郡
Berkshire	伯克郡
Oxfordshire	牛津郡
Jumièges	瑞米耶日
Robert	罗贝尔
Archbishop Canterbury	坎特伯雷大主教

Eustace I Count Boulogne	布洛涅伯爵厄斯塔斯一世
Dover	多佛镇
Richard's Castle	理查城堡
Leofwine Godwinson	利奥弗温·戈德温森
Wherwell Abbey	惠韦尔修道院
Herleva	埃尔蕾瓦
William the Bastard	私生子威廉
William the Great	威廉大帝
Hiesmes	埃思莫斯
Falaise	法莱斯
Adelaide of Normandy	诺曼底的阿德莱德
Herlwin de Conteville	赫尔温·德·孔特维尔
Odo	奥多
Robert Count of Mortain	莫尔坦伯爵罗贝尔
Nikaia	尼凯阿
Constantine the Great	君士坦丁大帝
Council of the Church	教会会议
Tilleres	蒂里耶尔
Evreux	埃夫勒
Bessin	贝桑
Guy of Burgundy	勃艮第的居伊
Duke of Rouen and Evreux	鲁昂和埃夫勒公爵
Néel II de Saint-Sauveur	尼尔二世·德圣索弗尔
Néel I de Saint-Sauveur	尼尔一世·德圣索弗尔
Valognes	瓦洛涅
Battle of Val-es-Dunes	瓦尔斯沙丘战役
Poissy	普瓦西

Caen	卡昂
Pavia	帕维亚
Lanfranc	兰弗朗克
Aosta	奥斯塔
Anselm	安瑟莫
Monastery of Bec	贝克修道院
Matilda of Flanders	佛兰德斯的玛蒂尔达
Adela of Normandy	诺曼底的阿德拉
Stephen Count of Blois	布卢瓦伯爵斯蒂芬
Geoffrey II Count Anjon	安茹伯爵若弗鲁瓦二世
Domfront	栋夫龙
Ambrieres	昂布里耶尔
Chartres	沙特尔
Ponthieu	蓬蒂厄
Dieppe	迪耶普
Arques	阿尔克
William of Talou	塔卢的威廉
Enguerrand II Count of Ponthieu	蓬蒂厄伯爵昂盖朗二世
Guy I Count of Ponthieu	蓬蒂厄伯爵居伊一世
Mortemer	莫特摩尔
Varaville	瓦拉维尔
Philip I	腓力一世
Le Mans	勒芒
Herbert II	埃贝尔二世
Marguerite	玛格丽特
Bayonne	巴约讷
Henry V	亨利五世

Walter (Gautier) III	沃尔特（戈蒂埃）三世
Biota	比奥特
Welsh	威尔士
Dublin	都柏林
Porlock	波洛克
Bishop of Dorchester	多切斯特主教
William Bishop of London	伦敦主教威廉
Stigand	斯蒂甘德
Tostig Godwinson	托斯蒂格·戈德温森
Lorraine	洛林人
Belgium	比利时
Odda of Deerhurst	迪尔赫斯特的奥达
Elfgar Earl of Mercia	麦西亚伯爵埃尔夫加
Gyrth Godwinson	盖斯·戈德温森
Duncan I	邓肯一世
Macbeth	麦克佩斯
Malcolm	马尔科姆
Llywelyn	卢埃林
Gruffydd	格鲁菲兹
Ealdgyth	埃尔德盖斯
Bleddyn ap Cynfyn	布莱迪·辛菲英
Rhiwallon ap Cynfyn	瑞沃伦·辛菲英
Edward the Exile	"流亡者"爱德华
Agatha	阿加莎
Christina	克里斯蒂娜
Waltham Abbey Church	沃尔瑟姆修道院教堂

Thorney	索尼岛
Minster of Saint Peter	圣彼得教堂
Westminster Abbey	威斯敏斯特教堂
Saint Paul's Cathedral	圣保罗大教堂
Calais	加来
Tofig	托菲戈
Leodgaresburh	莱奥加富斯堡
Montacute	蒙塔丘特
Rome	罗马
Wulfnoth Godwinson	沃夫诺斯·戈德温森
Conan IV Count of Brittany	布列塔尼伯爵科南四世
Dinan	迪南镇
Pope Nicolas II	教皇尼古拉二世
Copsi	科珀西
Morcar	莫卡
Oswulf	奥斯沃尔夫
Bernicia	伯尼西亚
Wiltshire	威尔特郡
Waltheof Earl of Northumbria	诺森伯兰伯爵瓦尔塞奥夫
Cerdic	策尔迪克
Epiphany	主显节
Ealdred Archbishop of York	约克大主教埃尔德雷德
Merwings	墨洛温王朝
Childéric III	希尔德里克三世
Pipin the Short	"矮子"丕平
Pope Zachary	教皇匝加利
Wulfstan Bishop of Worcester	伍斯特主教伍尔夫斯坦
Sigurd Syr	西居尔

Harald	哈拉尔
Hadrada	无情者
Wight	怀特岛
Northern Europe	北欧
Warangians	瓦良格人卫队
George Maniakes	乔治·马尼亚克斯
Peiraieus	比雷埃夫斯
Isles of Shetland	设得兰群岛
Isles of Orkney	奥克尼群岛
Erleng Thorfinnsoon	埃尔林·索尔芬松
Tyne	泰恩河
Deira	德伊勒
Cleveland	克利夫兰
Scarbarough	斯卡伯勒
Holderness	霍尔德尼斯
River Wharfe	沃夫河
Tadcaster	塔德卡斯特
Ouse	乌兹河
Riccall	里科尔
Battle of Fulford	富尔福德战役
Derwent	德文特河
Stamford Bridge	斯坦福桥
Aldby	奥德比
Ramsey	拉姆奇
Abbot Athelsige	埃塞尔西格修道院
Pope Alexander II	教皇亚历山大二世
Battle of Stamford Bridge	斯坦福桥战役

Olaf	奥拉夫
Lillebonne	利勒博讷
William VII Duke of Aquitaine	阿基坦公爵威廉七世
Henry IV	亨利四世
Pope Gregory VII	教皇格列高利七世
Hildebrand	希尔德布兰德
Saint Peter	圣彼得
Wace	韦斯
Saint Valery-sur-Somme	索姆河畔圣瓦莱里
Mora	"莫拉"号
Pevensey	佩文希
Anderida	安德利达
Hastings	黑斯廷斯
Fecamp	费康
Senlac	森拉克山丘
Poitiers	普瓦捷
Amiens	亚眠
Roman de Rou	《诺曼底公爵史》
Tapestry of Bayeux	贝叶挂毯
Domesday	《末日审判书》
Telham	特尔哈姆
Tours	图尔
Saint Martin	圣马丁
Alan Rufus	阿朗·鲁弗斯
Poitevins	普瓦特万人
Mansels	曼塞尔人
Wader	韦德

Norfolk	诺福克
Ralph	拉尔夫
Roger de Montgomery	罗杰·德·蒙哥马利
Caux	科镇
Toustain	图斯坦
Thurstan	瑟斯坦
New Minster	新教堂
Elfwig	埃尔夫威格
Abbot Peterborough	彼得伯勒修道院
Taillefer	塔耶费
Cleaver of Iron	铁刀
Roland	罗兰
Gytha Thorkelesdóttir	吉莎·索凯斯多蒂尔
William Malet	威廉·马利特
Edith	伊迪丝
Chester	切斯特
Southwark	萨瑟克
Wallingford	沃灵福德
Berkhampstead	伯克姆斯特德
Barking	巴金
Osbern fitzRichard	奥斯本·菲茨理查德
William FitzOsbern	威廉·菲茨奥斯本
Eadric the Wild	"野人"埃德里克
Eustace II Count of Boulogne	布洛涅伯爵厄斯塔斯二世
Ethelsige	埃塞尔西格
Remigius de Fécamp	雷米吉乌斯·德·费康
Gospatric	格斯帕特瑞克

Magnus	马格努斯
Dorset	多塞特
Rougemont	鲁日蒙
Red Hill	红山
Devonshire	德文郡
Cornwall	康沃尔郡
Treaty of Brétigny	《布列塔尼条约》
Peaked Hill	尖峰山
Warwick	沃里克
Durham	达勒姆
Leicester	莱斯特
Nottingham	诺丁汉
Bristol	布里斯托
Eadnoth Constable	埃德诺斯·康斯特布尔
Robert de Comines	罗贝尔·德·科米讷
Aethelwine	埃塞尔温
Northallerton	诺萨勒顿
Shrewsbury	什鲁斯伯里
Staffordshire	斯塔福德郡
Sandwich	桑威奇
Ipswich	伊普斯威奇
Gilbert de Gant	吉尔伯特·德·根特
Isle of Ely	伊里岛
Salisbury	索尔兹伯里
Saint Stephen	圣斯蒂芬
Thomas	托马斯
Walkelin	沃克林

Hereward the Wake	"警觉者"赫里沃德
Peterborough	彼得伯勒
Brand	布兰德
Turoldus	图罗德
Hugh d'Avranches	休·达夫郎什
Cardiff	加的夫
Richildis Countess of Hainaut	埃诺女伯爵瑞希尔蒂斯
Roger de Breteuil	罗杰·德·布勒特伊
Lothian	洛锡安
Fife	法夫
Abernethy	阿伯内西
Edward the Unconquered	"不屈者"爱德华
William Walcher	威廉·瓦尔歇
Carl	卡尔
Dolfin of Carlisle	卡莱尔的多尔芬
Cumberland	坎伯兰
Carlisle	卡莱尔
Albert Azzo II Margrave of Milan	米兰侯爵阿尔贝·阿佐二世
Hugh V Count of Maine	曼恩伯爵于格五世
Gersendis	格森迪斯
Fulk IV Count of Anjou	安茹伯爵富尔克四世
Robert I Count of Flanders	佛兰德斯伯爵罗伯特一世
Aachen	亚琛
Montreuil	蒙特勒伊
Ralph de Gael	拉尔夫·德·盖尔
Abbot of Evesham	伊夫舍姆修道院
Geoffrey de Montbray	若弗鲁瓦·德·蒙布雷

Emma de Guader	埃玛·德·加德
Crowland	克罗兰
Dol	多尔
Gerberoi	热尔伯鲁瓦
Tokig	托科格
Wiggod	维格德
Newcastle	纽卡斯尔
Newforest	纽弗瑞斯特
Alfonso VI of León and Castile	莱昂和卡斯蒂尔国王阿方索六世
Constance of Normandy	诺曼底的康斯坦丝
Alan IV Duke of Brittany	布列塔尼伯爵阿朗四世
Adela of Normandy	诺曼底的阿德拉
Chartres	沙特尔
Isabella of France	法兰西的伊莎贝拉
Cecily	塞西莉
Hubert de Beaumont-au-Maine	于贝尔·德·博蒙-奥-曼恩
Castle of Sainte Susanne	圣苏珊娜城堡
Ligulf Kilvertsson	里格尔夫·基尔弗特森
Saint Alban	圣奥尔本
Glastonbury	格拉斯顿伯里
Lichfield	利奇菲尔德
Coventry	考文垂
Elmham	埃尔哈姆
Thetford	塞特福德
Sherborne	舍伯恩
Bath	巴斯
Parliament	议会

Battle of Tinchebrai	坦什布赖战役
Empress Matilda	玛蒂尔达皇后
Geoffrey Plantagenet Count Anjou	安茹伯爵若弗鲁瓦·金雀花
Stephen	斯蒂芬
Eleanor of Aquitain	阿基坦的埃莉诺
Henry II	亨利二世
Gilbert Beket	吉尔伯特·贝克特
Thomas Becket	托马斯·贝克特
Richard I	理查一世
Henry VI	亨利六世
William de Longchamp	威廉·德·朗香
Hubert Walter	休伯特·沃尔特
Arthur I Duke of Brittany	布列塔尼公爵阿蒂尔一世
Geoffrey II Duke of Brittany	布列塔尼公爵若弗鲁瓦二世
Philip II	腓力二世
Pope Innocent III	教皇英诺森三世
Great Charter	《大宪章》
Simon de Montfort	西蒙·德·蒙特福特
Edward I	爱德华一世
Edward III	爱德华三世
Edward IV	爱德华四世